rowohlt
BERLIN

PETER R. NEUMANN

LOGIK DER ANGST

Die rechtsextreme Gefahr und ihre Wurzeln

Rowohlt · Berlin

2. Auflage Oktober 2023

Originalausgabe
Veröffentlicht im Rowohlt · Berlin Verlag, Oktober 2023

Satz aus der Minion 3 bei Dörlemann Satz, Lemförde
Druck und Bindung GGP Media GmbH, Pößneck
ISBN 978-3-7371-0183-7

INHALTSVERZEICHNIS

EINLEITUNG

Überall im Westen haben Rechtsextremisten in den vergangenen Jahren eine Blutspur hinterlassen. Der tödlichste Attentäter war der damals zweiunddreißigjährige Norweger Anders Breivik, der im Juli 2011 eine Autobombe im Regierungsviertel von Oslo zündete und anschließend – als Polizist verkleidet – auf die Ferieninsel Utøya fuhr, um Mitglieder der Jugendorganisation der norwegischen Arbeiterpartei zu erschießen. Insgesamt 77 Menschen kamen dabei zu Tode – 8 in Oslo, 69 in Utøya. Das jüngste Opfer war 14 Jahre alt. Für das kleine, wohlhabende Norwegen, das sich seines sozialen Friedens rühmt, war der Anschlag ein Schock: der schlimmste Gewaltakt seit der deutschen Besetzung im Zweiten Weltkrieg; verübt von einem Norweger, dessen Wut sich gegen die eigene Gesellschaft richtete.

Doch was war Breiviks Ziel? Obwohl immer schon rechts, hatten sich die politischen Überzeugungen des gescheiterten Unternehmers aus gutbürgerlicher Familie mehrfach gewandelt. Im Alter von 18 Jahren trat er der Fortschrittspartei bei – einer rechts-libertären Partei, die sich für weniger Steuern und geringere Migration einsetzt. Breivik ging zu zahlreichen Sitzungen, kandidierte für Vorstandsposten und verliebte sich in eine indischstämmige Parteifreundin. Nach allem, was bekannt ist, unterstützte er den gemäßigten Flügel und vertrat selbst nach den Terroranschlägen vom 11. September 2001 noch relativ moderate Positionen. In einem parteiinternen Forum schrieb er damals: «Man darf nicht vergessen, dass der Islam eine große Religion ist (auf einer Ebene mit dem Christentum) und dass Muslime im Allgemeinen gute Menschen (auf einer Ebene mit Christen) sind.» Nicht der Islam an sich sei kritikwürdig, sondern «bestimmte Aspekte einiger Unkulturen, die mit dem Islam zusammenhängen».[1]

Als seine politische Karriere scheiterte, wollte Breivik zunächst Geschäftsmann werden, doch all seine Ideen verliefen im Sand. Spätestens ab Mitte der 2000er-Jahre war er davon überzeugt, dass es eine Verschwörung «multikultureller Eliten» gebe, deren Ziel es sei, die eigene Kultur mithilfe von Migration aus muslimisch geprägten Ländern zu zerstören. Er wähnte sich in einem «europäischen Bürgerkrieg», der innerhalb weniger Jahrzehnte zu einem Verschwinden der «europäischen Zivilisation» führen würde. Ethnische Vielfalt war aus Breiviks Sicht keine Bereicherung, sondern «kultureller Genozid».[2]

Dies war auch die Weltsicht, die seinem Anschlag zugrunde lag. Mit seiner Tat wollte Breivik diejenigen treffen, die er für den vermeintlichen «Genozid» verantwortlich machte: nicht die Migranten selbst, sondern die «kulturmarxistischen Eliten», die ihn aus politischer Überzeugung vorantrieben. Breivik verstand sich zu diesem Zeitpunkt weder als Neonazi noch als Rassist, und Juden waren ihm größtenteils egal. In seinem Manifest, das er kurz vor seiner Tat an Tausende von Journalisten, Politiker und Nationalisten in ganz Europa verschickte, lehnte er den Nationalsozialismus sogar ab: «Ich bleibe ein überzeugter Anti-Nazi und gebe der NSDAP die Schuld an der Situation, in der wir uns befinden.»[3]

Im Gefängnis radikalisierte sich Breivik dann abermals. Als ihm nach zehn Jahren Haft die Bewährung verweigert wurde, erschien er vor Gericht mit rasiertem Kopf und streckte den Arm zum Hitlergruß. In der anderen Hand hielt er ein Schild, auf dem stand: «Stoppt den Genozid an weißen

Völkern»; als sein Ziel nannte er die «die Schaffung eines Dritten Reiches». Den Antrag auf Freilassung begründete er damit, dass er sich für «gewaltfreien Widerstand» entschieden habe. Doch keiner der Richter fand dies überzeugend, und so kam Breivik für weitere zehn Jahren hinter Schloss und Riegel.[4]

Breivik hatte zweifellos persönliche – und auch psychische – Probleme, aber er war keineswegs «verrückt». Ehemalige Freunde und Bekannte gaben zu Protokoll, dass er viel las, sich immer für politische Ideen interessierte und seine Standpunkte stets mit Argumenten unterfüttern konnte.[5] Das spricht gegen die verbreitete Behauptung, seine Motivation habe allein aus «Hass» bestanden. Ebenso wenig überzeugend ist es, Breivik pauschal als «Faschisten» zu bezeichnen. Obwohl er im Gefängnis zu einem wurde, vertrat er davor ganz unterschiedliche Auffassungen, die zwar allesamt rechts oder rechts*extrem* waren, aber mit dem historischen Faschismus, wie er sich in der ersten Hälfte des 20. Jahrhunderts entwickelte, wenig zu tun hatten. Solche Kategorisierungen zeigen, wie schwer sich die Öffentlichkeit nach wie vor mit dem Phänomen Rechtsextremismus tut. Statt sich ernsthaft – und kritisch – mit den Ideen zu beschäftigen, die Leute wie Breivik vertreten, ist es einfacher, für ihre Taten Begriffe wie «Hass» oder «Faschismus» zu verwenden.

Gerade in den letzten Jahren hat sich gezeigt, dass diese Haltung dem Problem nicht gerecht wird. Unter westlichen Rechtsextremisten gibt es heutzutage ein größeres Spektrum an Ideen und Einstellungen als je zuvor. Stärker als in der Vergangenheit werden beispielsweise Natur- und Umweltschutzthemen diskutiert. Die sogenannte Incel-Szene definiert sich über ihre Feindschaft gegenüber Frauen.[6] Aus Amerika ist die QAnon-Bewegung nach Europa herübergeschwappt. Durch die Corona-Pandemie sind Reichsbürger, sogenannte Selbstverwalter und Verschwörungstheoretiker in aller Munde. Und in den Manifesten rechtsextremer Terroristen finden sich immer häufiger Ideen, die sich gar keiner Tradition mehr zuordnen lassen. Was haben diese unterschiedlichen Entwicklungen und Strömungen noch gemeinsam? Wo kommen sie her? Ist es überhaupt möglich, sie in jedem Fall als rechtsextrem zu klassifizieren? Und wenn ja, woraus besteht die ideologische Klammer, die sie zusammenhält?

Dieses Buch versucht, Antworten auf diese Fragen zu geben. Ihm liegt die These zugrunde, dass trotz der größer werdenden Vielfalt von Ansichten und Akteuren praktisch alle Formen des Rechtsextremismus nach wie vor auf derselben Logik beruhen – einer Logik der Angst. Die Grundlage dafür ist seine historische Entwicklung: Rechte Ideen sind fast überall als Reaktion auf den Vormarsch der «liberalen Moderne» und ihrer zentralen Werte – Fortschritt, Universalität, Individualismus und Gleichheit – entstanden. Rechte waren schon immer misstrauisch gegenüber Fortschritt und Universalität; Individualismus ist ihrer Auffassung nach dekadent, und die Art von Gleichheit, die Linken und Liberalen vorschwebt, gilt ihnen als Bedrohung «natürlicher» Ordnung. Kurzum: Seit fast zweihundertfünfzig Jahren, also seit den Revolutionen in Amerika und Frankreich, befinden sich die Rechten in permanenter Opposition zum Zeitgeist und den Institutionen, die er hervorgebracht hat. Die liberale Moderne ist aus ihrer Sicht eine historische «Tiefenströmung», die sich trotz gelegentlicher «Talsperren oder Stauungen» stets – und mit aller Wucht – ihren Weg bahnt.[7]

Es ist somit nicht Stärke, sondern ein Gefühl der Schwäche, auf dem rechtsextreme Politikansätze und Mobilisierungsversuche aufbauen. Auf einer Seite stehen dabei die «Ängstlichen», also Menschen, die gesellschaftliche Veränderungen nicht verstehen, von ihnen überfordert sind oder sie aus unterschiedlichen Gründen ablehnen. Auf der anderen Seite finden sich rechtsextreme Aktivisten und Vordenker, die solche Ängste aufgreifen und sie verstärken. Der ideologisch-emotionale Anknüpfungspunkt ist demzufolge nicht «Hass», sondern ein Gefühl der Angst, das von der ersten Seite ehrlich empfunden und von der zweiten (zum Teil) zynisch instrumentalisiert wird. Zum «Hass» kommt es erst dann, wenn Angst in eine bestimmte ideologische Richtung gelenkt wird – typischerweise gegen «liberale Eliten» und «das Fremde».

Wer Rechtsextremismus stoppen will, darf sich deshalb nicht darauf beschränken, diejenigen zu bekämpfen, die bereits Rechtsextremisten sind, sondern muss sich gleichzeitig mit den Ängsten auseinandersetzen, die für Rechtsextremismus empfänglich machen. Mit anderen Worten: Nur wer es schafft, die vermeintlichen «Verlierer» gesellschaftlicher Veränderungen politisch «mitzunehmen», kann nachhaltig den Nährboden austrocknen, auf dem rechtsextreme Ideologien gedeihen.

Was ist rechts?

Doch worum geht es überhaupt? Rechtsextremismus ist keine fest umrissene politische Ideologie, sondern die (extreme) Ausprägung einer politischen Denkrichtung. Dass diese Denkrichtung mit einem räumlichen Begriff umschrieben wird, geht auf die Französische Revolution im Jahr 1789 zurück – genauer gesagt: die Sitzordnung in der postrevolutionären Nationalversammlung. Auf der linken Seite saßen damals diejenigen, die im Kampf gegen den Absolutismus siegreich waren und sich mit ihrer Forderung nach «Freiheit, Gleichheit, Brüderlichkeit» durchgesetzt hatten. Auf der rechten Seite fanden sich die «Verlierer», also Adelige, Klerikale und andere Anhänger des Ancien Régime, die durch die Revolution entmachtet worden waren und zurück zu einem hierarchischeren System wollten. Natürlich gab es auch innerhalb der Lager unterschiedliche Ansichten und Positionen, die sich im Laufe der Zeit weiter ausdifferenzierten, doch die Frage nach der Legitimität der Revolution – und damit der Idee, dass alle Menschen überall frei und gleich sind – wurde zur zentralen Achse, die «rechte» und «linke» Positionen unterschied.[8]

Wenn auch nur langsam, so setzte sich die politische Vision der Französischen Revolution überall in Europa durch. Zusammen mit anderen Idealen der Aufklärung, wie etwa Vernunft und der «wissenschaftlichen Methode», entstand hieraus die «liberale Moderne» und das, was heutzutage als «Westen» bezeichnet wird. In Westeuropa und Nordamerika ist dieser Wertekanon mittlerweile so selbstverständlich, dass er von praktisch allen politischen Akteuren akzeptiert wird. Die Unterscheidung zwischen «links» und «rechts» hat ihre Bedeutung dadurch allerdings nicht verloren. Während sich, grob gesprochen, Linke stärker für «Gleichheit» – zum Beispiel in Bezug auf Einkommen oder Rechte für benachteiligte Gruppen und Minderheiten – einsetzen, betonen Rechte häufiger die Unterschiedlichkeit von Menschen sowie die Existenz von vermeintlich «natürlichen» Ordnungen und Hierarchien.[9]

Eng damit verbunden ist die Frage nach politischer Gemeinschaft. Auch hier kristallisierte sich die Unterscheidung zwischen «links» (beziehungsweise «linksliberal») und «rechts» durch den Vormarsch der liberalen Moderne heraus. Mit den Revolutionen in Frankreich und (zuvor) in Amerika entstanden zum ersten Mal Staaten, die sich primär als Träger von Ideen verstanden. Frankreich war aus Sicht der Revolutionäre nicht mehr einfach nur ein geografisches Territorium oder Herrschaftsbereich bestimmter Dynastien, sondern staatgewordene Verkörperung der universell gültigen Vision von Freiheit, Gleichheit und Menschenrechten, der sich im Prinzip alle Menschen anschließen konnten.

Die Gegner der Revolution hatten eine andere Vorstellung. Anders als die (eher liberal orientierten) Individualisten war für sie gemeinschaftliche Identität nach wie vor zentral. Und im Gegensatz zu den (eher links orientierten) Universalisten begriffen sie diese nicht bloß als Zusammenschluss Gleichgesinnter, sondern als eine Art Familie. Ihrer Ansicht nach definierte sich politische Gemeinschaft über Sozialisierung, Herkunft oder Biologie, was bedeutete, dass Zugehörigkeit in den allermeisten Fällen unveränderbar, durch Geburt bestimmt und daher quasi «gottgegeben» war.

Genauso wie bei der Konzeption von Gleichheit setzten sich die Ideen der Revolution auch beim Thema Identität im Laufe der Zeit durch. Praktisch alle westlichen Staaten verstehen sich heutzutage als «Wertegemeinschaften», und ihre Staatsbürgerschaften stehen Menschen offen, die nicht dort geboren wurden oder von einem Staatsangehörigen abstammen; Diskriminierung basierend auf Religion, Herkunft oder Hautfarbe ist verboten. Doch ähnlich wie bei dem Prinzip der Gleichheit sind die politischen Unterschiede dadurch nicht verschwunden. Während für Linke (und Linksliberale) das Bekenntnis zu gemeinsamen Werten in aller Regel das *einzige* Kriterium ist, das Zugehörigkeit zur politischen Gemeinschaft definieren sollte, sprechen Rechte häufiger auch von Herkunft, Kultur und anderen vermeintlich identitätsstiftenden Faktoren, die über das Bekenntnis zu gemeinsamen Werten hinausgehen. Rechte Ideen sind somit nicht nur antiegalitär, sondern tendenziell auch «identitär».[10]

Was ist Extremismus?

Selbst wenn rechte Vorstellungen dem liberal-modernen Zeitgeist zuwiderlaufen, sind sie nicht zwangsläufig extremistisch, und nicht alles, was «rechts» ist, sollte deshalb unter «Extremismusverdacht» gestellt werden. Genauso wie bei anderen politischen Orientierungen – etwa linken – geht es bei Extremismus nicht in erster Linie um den Inhalt bestimmter politischer Auffassungen, sondern darum, wie sie ausgedrückt und mit welchen Mitteln sie verfolgt werden.

Viele Forscher tun sich mit dieser Unterscheidung schwer. So argumentiert der Politikwissenschaftler Claus Leggewie, der Extremismusbegriff sei eine Erfindung deutscher Behörden, deren vorrangiger Zweck es sei, linke Positionen zu diskreditieren.[11] Das ist wenig überzeugend. Die Bezeichnungen «extreme Rechte» und «extreme Linke» existierten schon in der französischen Nationalversammlung des frühen 19. Jahrhunderts,[12] und auch in den Vereinigten Staaten war der Ausdruck bereits wenige Jahrzehnte später geläufig. Ins Deutsche schaffte er es spätestens im Zuge der Totalitarismusdebatte nach dem Zweiten Weltkrieg, als Emigranten wie etwa Karl Loewenstein, Theodor W. Adorno und Hannah Arendt die Gemeinsamkeiten – und Unterschiede – von Nazismus und Stalinismus zu verstehen versuchten.[13]

Richtig ist jedoch, dass der Begriff zweideutig sein kann. Der konservative Philosoph Roger Scruton brachte es auf den Punkt, als er schrieb, der «gemeinsame Nenner» aller Formen des Extremismus sei die «Missachtung des Lebens, der Freiheit und der Menschenrechte anderer».[14] Die offensichtlichste Erscheinungsform in dieser Aufzählung ist die «Missachtung des Lebens», also politisch motivierte Gewalt. Diese ist im Kontext westlich-liberaler Demokratien immer –

und automatisch – eine Form von Extremismus, ganz unabhängig davon, im Namen welcher Ideen oder Ideologie sie angewandt wird. Wer versucht, politische Ideen mit (physischer) Gewalt durchzusetzen, oder den Einsatz von Gewalt billigt, stellt sich nicht nur gegen seine jeweiligen politischen Gegner, sondern erteilt dadurch der offenen Gesellschaft insgesamt eine Absage.

Komplizierter wird es, wenn es um die «Missachtung von Freiheit und Menschenrechten» geht. Damit beschreibt Scruton Einstellungen, die nicht zwangsläufig in Gewalt münden müssen. In der wissenschaftlichen Literatur gibt es in diesem Zusammenhang mehrere Zugänge. Der prominenteste ist der «normative» Ansatz der Politikwissenschaftler Uwe Backes und Eckhard Jesse, aus deren Perspektive extremistisch ist, wer den liberal-modernen «Grundkonsens» – (individuelle) Freiheit, (politische) Gleichheit und Demokratie – ablehnt oder infrage stellt.[15] Der «kognitive» Ansatz des Theologen Edgar Metzler identifiziert extremistische «Denkmuster» wie etwa «Dogmatismus, Widerstand gegen Veränderungen, eine autoritäre Einstellung und Intoleranz gegenüber Andersdenkenden».[16] Und der Politikwissenschaftler J. M. Berger betont «soziale Prozesse», im Laufe derer die «Feindschaft gegenüber einer Fremdgruppe» zunehmend als Voraussetzung für das Wohlergehen der «Eigengruppe» wahrgenommen» wird.[17]

Was diese Ansätze eint, ist ihr Ziel – nämlich die Unterdrückung des gesellschaftlichen Pluralismus. Der Soziologe Seymour Lipset konstatierte dies bereits im Jahr 1970 und beschrieb Extremismus (jeglicher Couleur) als eine Art «Anti-Pluralismus», der die Vielfalt von Ideen und Interessen in einer offenen Gesellschaft nicht als bereichernd, sondern als schädlich empfindet und sie im Namen der jeweils eigenen politischen Ziele unterbinden will.[18] Eine Definition des Rechtsextremismus könnte deshalb lauten: Rechtsextremismus ist der Versuch, andere politischen Ideen zugunsten einer anti-egalitären, identitären politischen Vision zu unterdrücken.

Über dieses Buch

In der Politikwissenschaft und in benachbarten Disziplinen gibt es nur wenige Themen, über die so viel geschrieben und geforscht wird wie der Rechtsextremismus und ihm verwandte Phänomene. Jedes Jahr erscheinen mindestens hundert neue wissenschaftliche Artikel und Bücher, die sich mit allen seinen Facetten beschäftigen. Zu praktisch jeder Gruppe oder Bewegung bestehen Experten-Communitys, die die neuesten Entwicklungen genau beobachten und analysieren. Was kann dieses Buch da noch beitragen? Was hat es zu sagen, das nicht bereits gesagt wurde?

Gerade weil das Forschungsfeld so populär ist, sind viele Veröffentlichungen sehr kleinteilig. Häufig geht es um einzelne Akteure oder aktuelle Entwicklungen, die nur in ihrem unmittelbaren Zusammenhang untersucht werden. Ein riesiger Teil der Literatur beschäftigt sich mit dem Auf und Ab rechtsextremer, rechtsradikaler oder rechtspopulistischer Parteien. (Mit den letzten zwei Begriffen sind Akteure gemeint, die zwar weit rechts, aber nicht notwendigerweise außerhalb des Verfassungsbogens stehen.)[19] Zu den Fragen, die dabei häufig gestellt werden, gehören: Woher kommen sie? Wer sind ihre Wähler? Welchen Einfluss haben sie auf das Parteiensystem?[20] Natürlich interessieren sich Forscher auch für Parteiprogramme und die Themen, mit denen Wähler mobilisiert werden. Und es wimmelt geradezu von detailreichen Studien über bestimmte Vordenker. Aber nur selten findet man umfassende Analysen, geschweige denn historische Einordnungen der zugrunde liegenden Ideensysteme. Selbst in den drei besten und am häufigsten zitierten Studien zur Ideologie und Programmatik der «extremen Rechten» in Westeuropa geht es meist um Parteien und ihren Erfolg oder Misserfolg.[21]

Ein Problem historisch orientierter Literatur ist demgegenüber, dass Rechtsextremismus meist ausschließlich über seine Verbindung zum Faschismus definiert wird. Der Faschismus, der als politische Bewegung nach Ende des Ersten Weltkriegs in Italien entstand und 1922 zuerst dort und 1933 auch in Deutschland die Macht übernahm, war zweifellos die historisch folgenreichste Manifestation des Rechtsextremismus: Er verursachte den Holocaust und einen Weltkrieg mit mehr als sechzig Millionen Toten. Das große Interesse am Faschismus ist deshalb verständlich und auch gerechtfertigt. Doch Rechtsextremismus gab es bereits vor dem Faschismus, und nicht jede rechtsextreme Gruppe, die nach ihm entstand, ist notwendigerweise post- oder neofaschistisch. Die Tendenz, alle rechtsextremen Erscheinungsformen durch die faschistische Linse zu betrachten und in jedem rechtspopulistischen Parteiführer einen neuen Mussolini oder Hitler erkennen zu wollen,[22] ignoriert die Vielfalt an Ideen und Einflüssen, die der Rechtsextremismus speziell in den vergangenen Jahrzehnten hervorgebracht hat.

In der deutschsprachigen Literatur hat diese Tendenz zu einer übermäßigen Fokussierung auf die sogenannte Konservative Revolution geführt, womit eine Reihe von rechten Strömungen bezeichnet wird, die dem Nationalsozialismus unmittelbar vorangingen, ihn beeinflusst haben und deshalb häufig für die (ideologische) Quelle aller rechtsextremen Bestrebungen gehalten werden.[23] Praktisch alle bedeutenden deutschen Bücher über rechtsextreme Ideen sehen in ihr den

Dreh- und Angelpunkt rechtsextremen Denkens.[24] Doch dieser Ansatz unterschätzt nicht nur ausländische Einflüsse, besonders aus Frankreich, sondern verkennt auch die Kontinuität rechtsextremen Denkens, das lange vor der Weimarer Republik begonnen hat und weit über sie hinausreicht.

Anders als viele der existierenden Veröffentlichungen konzentriert sich dieses Buch nicht auf ein bestimmtes Ereignis oder eine bestimmte Gruppe oder Strömung, sondern schlägt bewusst einen großen Bogen. Betrachtet wird der Rechtsextremismus im westlichen Kontext, also in Westeuropa und Nordamerika, und in seiner gesamten historischen Entwicklung.[25] Der Fokus der Analyse liegt dabei weniger auf politischen Anführern, Bewegungen, Parteien oder gar einzelnen rechtsextremen Anschlägen, sondern auf politischen Ideen und den Denkern, die sie artikuliert haben. Daran wird unter anderem deutlich, dass sich die Ideensysteme «rechts» und «rechtsextrem» stärker überschneiden, als die Fokussierung auf Faschismus und Nationalsozialismus suggeriert.

Im ersten Teil des Buchs wird gezeigt, dass die wichtigsten rechten Ideen in den meisten Fällen durch ihre Gegnerschaft zu zentralen Ideen der liberalen Moderne entstanden sind. Das erste Kapitel beschäftigt sich damit, wie Rechte über den Fortgang der Geschichte denken, und macht deutlich, dass ihre Einstellung im Gegensatz zum Geist der liberalen Moderne nicht optimistisch, sondern pessimistisch ist. Das zweite Kapitel behandelt ihre Reaktion auf das Drängen nach Gleichheit und beschreibt die verschiedenen Formen hierarchischer Ordnung, die sich im Zuge dessen entwickelt haben. Und das dritte Kapitel thematisiert ihre Sehnsucht nach einer exklusiven, vermeintlich fixen Identität, die den liberal-modernen Ideen von Individualismus und Universalität widerstrebt.

Im zweiten Teil des Buchs geht es dann darum, was aus diesen Ideen und Denkmustern entstanden ist. Die treibende Kraft ist eine «Logik der Angst», die im vierten Kapitel mit zahlreichen Beispielen – darunter die derzeit populäre Theorie vom «großen Austausch» – genauer erklärt wird. Für Rechtsextreme entstehen aus dieser Situation zwei Handlungsoptionen, die in den darauffolgenden Kapiteln diskutiert werden: «Flucht», also der Rückzug vom liberal-modernen Mainstream (Kapitel 5), und «Kampf», was bedeutet: die aktive Auseinandersetzung mit dem verhassten System (Kapitel 6). Im siebten Kapitel wird gezeigt, was mit modernen westlichen Demokratien passiert, wenn Rechtspopulisten an die «Macht» kommen.

Rechtsextremismus, so wird im Ergebnis klar, ist das negative Spiegelbild dessen, was als liberale Moderne gilt. Seine potenzielle Anziehungskraft beruht auf der Verunsicherung und den drängenden, teils existenziellen Ängsten, die diese hervorgerufen hat. Solange sich an dieser grundsätzlichen Konstellation nichts ändert, wird Rechtsextremismus in westlichen Gesellschaften niemals ganz verschwinden. Doch wer seine (emotional-ideologische) Logik versteht, kann die Ängste, die rechtsextreme Ideologen zu instrumentalisieren versuchen, früher «einfangen» und ihre politische Wirkmacht reduzieren.

TEIL EINS
WURZELN

1. PESSIMISMUS

Die erste Wurzel, die die rechte Weltsicht bestimmt, ist ein tief sitzender Pessimismus. Statt einer Welt, in der sich Wohlstand und Freiheit immer weiter ausbreiten, sehen Rechte in jeder erfolgreichen und aufstrebenden Gesellschaft eine, die am Ende an sich – oder anderen – scheitert. Fortschritt ist aus ihrer Sicht zwar möglich, aber niemals von Dauer.

Selbst die Rhetorik von Donald Trump lässt sich auf diese Weise erklären. Das Bild, das der ehemalige Präsident in seinem Wahlkampf im Jahr 2016 von den USA zeichnete, ging weit über die in solchen Wettbewerben übliche Kritik hinaus. Er beschrieb die Vereinigten Staaten in bitteren Tönen als ein Land im Niedergang – vom Ausland nicht mehr respektiert, eine Volkswirtschaft auf dem absteigenden Ast und eine Gesellschaft, die von Drogen, Kriminalität und illegalen Einwanderern zerfressen ist. Genauso dramatisch klang auch seine Antrittsrede im Januar 2017. Darin sprach er von «Müttern und Kindern, die in unseren Innenstädten in Armut gefangen sind; verrosteten Fabriken, die wie Grabsteine über die Landschaft unserer Nation verstreut sind; (...) Kriminalität, Gangs und Drogen, die zu viele Leben gestohlen haben». Das gegenwärtige Amerika, so Trump, sei ein einziges, riesiges «Gemetzel».[1]

Viele der Politikerinnen und Politiker, die während der Rede hinter Trump saßen, konnten nicht glauben, was sie da hörten. Antrittsansprachen in den USA sind in aller Regel optimistisch und versöhnlich; eine Chance, die harten Auseinandersetzungen des Wahlkampfs hinter sich zu lassen. Doch Trump tat das Gegenteil. Er präsentierte eine dunkle, nahezu depressive Vision seines Landes, die wenig Grund zur Hoffnung gab und alle Erfolge, die unter seinem Vorgänger Barack Obama erzielt worden waren, in ihr Gegenteil verkehrte. Der vormalige Präsident George W. Bush, wie Trump Republikaner, meinte: «Was für ein seltsamer Scheiß!»[2]

Eine der wahrscheinlichsten Quellen für Trumps Pessimismus ist Steve Bannon, sein damals wichtigster Berater und Wahlkampfmanager. Bevor er für Trump zu arbeiten begann, hatte Bannon als Investmentbanker und Filmproduzent ein Vermögen gemacht und anschließend die Leitung der konservativen Online-Plattform *Breitbart* übernommen. Zeit seines Lebens beschäftigte er sich außerdem intensiv mit Philosophie, hatte großes Interesse an nichteuropäischen Religionen und kam auf diese Weise in Berührung mit dem sogenannten Traditionalismus – einer obskuren, extrem rechten Strömung, die Esoterik mit einer harschen Kritik an der Moderne verbindet.[3]

Grundidee des Traditionalismus ist, dass alle Zivilisationen von einer «Ur-Zivilisation» abstammen, die – je nach Interpretation – in der Arktis, im mythischen Atlantis, in Indien oder dem Kaukasus entstanden ist. Laut dem Historiker Mark Sedgwick glauben Traditionalisten an eine *Philosophia perennis*, einen Kern ewiger Erkenntnis, der allen Religionen gemein ist.[4] Ihr Vordenker ist der französische Philosoph René Guénon (1886–1951), der die Theorie vertrat, dass Geschichte in Zyklen verläuft und jeder Zyklus aus vier Zeitaltern – golden, silbern, bronzen und eisern – besteht. Das Zeitalter seit Beginn der Modernen entspricht seiner Auffassung nach einem «eisernen» Zeitalter – dem hinduistischen *Kali Yuga* –, was bedeutet, dass sich die Menschheit im Niedergang befindet und es in absehbarer Zukunft keine

Chance gibt, Zugang zu den wahren, spirituellen Werten der *Philosophia perennis* zu erlangen.[5]

Ein entscheidender Aspekt des Traditionalismus besteht in dem, was Sedgwick «Inversion» nennt: die Umkehrung von allem, was Anhängern der liberalen Moderne als gut und positiv erscheint, in ihr Gegenteil.[6] Aus Sicht der Traditionalisten ist gesellschaftliche Vielfalt keine Stärke, sondern Wurzel von Gewalt und Chaos; Wissenschaft verbessert nicht die Welt, sondern verursacht seelische Entwurzelung; und Demokratie macht Gesellschaften nicht gerechter, sondern widerspricht der von Gott gegebenen Ordnung. Zwar sind Leute wie Bannon weit davon entfernt, alle Aspekte moderner Gesellschaften abzulehnen, doch drückt sich in ihren Vorstellungen eine tiefe Skepsis gegenüber der zentralen Idee der liberalen Moderne aus – dass Fortschritt positiv und unvermeidbar sei.

Historisch gesehen ist der Traditionalismus eine obskure Ideologie mit wenigen, meist zerstrittenen Unterstützern. Immer wieder gab es allerdings auch Traditionalisten, die sich ihren Weg in mächtige Positionen gebahnt haben. Ein oft genanntes Beispiel ist der russische Nationalrevolutionär Alexander Dugin, ein Berater von Präsident Wladimir Putin.[7] Und auch Bannon bekannte sich mehrfach zu der Ideologie und ihren Vordenkern.[8] Sein Biograf ist deswegen davon überzeugt, dass Trumps apokalyptische Vision von ihm stammt: «Jeder, der mit Guénons Traditionalismus vertraut ist», so der Journalist Joshua Green, «erkennt in dem Schreckgespenst, das Trump aus marodierenden Einwanderern, muslimischen Terroristen und dem Zusammenbruch der nationalen Souveränität konstruiert, die Zeichen eines dunklen Zeitalters – des *Kali Yuga*.»[9]

Im Folgenden wird gezeigt, dass die Traditionalisten nicht die einzigen Rechten sind, die den Lauf der Geschichte als Abfolge historischer Zyklen verstehen und in der liberalen Moderne ein Zeitalter der Dekadenz sehen. Eng damit verbunden ist ein Menschenbild, das nicht menschliche Stärken, sondern Fehler, Schwächen und Laster in den Vordergrund stellt. Fortschritt ist unter diesen Bedingungen nur vorübergehend und birgt in sich die Voraussetzungen für den unvermeidbaren Niedergang. Ein ums andere Mal stellte sich für Rechte deshalb die Frage, welchen Ausweg es aus der «Pessimismusfalle» gibt – und Trump war, je nach Interpretation, eine der Antworten.

Zyklentheorien

Geschichtliche Zyklentheorien sind älter als die Fortschrittsidee, und Guénon hat nicht ganz unrecht, wenn er in ihnen eine Art «ewige Erkenntnis» sieht. Die ersten Theorien, die Geschichte in mehrere, sich wiederholende Phasen einteilten, lassen sich bis ins babylonische Zeitalter im zweiten Jahrtausend vor Christus zurückverfolgen.[10] Beispiele finden sich nicht nur in den von Guénon zitierten hinduistischen Texten, sondern auch bei dem griechischen Historiker Thukydides (ca. 454–399 v. Chr.) und sogar bei dem chinesischen Historiker Sima Qian (ca. 145–90 v. Chr.).[11]

Wenn auch sehr unterschiedlich mit Blick auf Ablauf und Länge der Zyklen, so basieren die meisten dieser Theorien auf intensiver Beobachtung von Tagesabläufen, Jahreszeiten und der Bewegung von Sternen. Es erforderte keine höhere Erkenntnis, um zu verstehen, dass natürliche Prozesse nach immer gleichen, sich wiederholenden Rhythmen ablaufen. Dies gilt insbesondere für Pflanzen, Tiere und Menschen: Sie kommen zur Welt, blühen auf, reifen, und am Ende sterben sie. Hieraus wurde gefolgert, dass es sich mit dem gesamten Universum genauso verhalte: Menschliche Gesellschaften seien Teil eines gigantischen Kreislaufs, der mit ihrer Geburt und Blütezeit beginne und mit ihrem Zerfall ende.[12] Fortschritt sei unter diesen Umständen zwar möglich, aber eben nicht – wie später vom aufklärerischen Philosophen Gottfried Wilhelm Leibniz behauptet – «unendlich».[13]

Besonderen Einfluss auf die Vorstellungen vom Zerfall des Universums hatten die Ideen des griechischen Philosophen Platon (428–348 v. Chr.). Genauso wie seine Vorgänger war Platon von planetarischen Laufbahnen fasziniert. Er spekulierte, dass sich Planeten in zwei unterschiedliche Richtungen bewegten und es bei jedem Richtungswechsel zu einer Katastrophe komme, die zur Vernichtung allen Lebens führe. Hierdurch, so Platon, setze sich anschließend ein neuer Kreislauf in Gang, an dessen Anfang paradiesische Zustände und ein «Goldenes Zeitalter» stünden.[14] Diesen Gedanken nahmen später die Stoiker auf. Mit ihnen verbreitete sich die Vorstellung eines kosmischen Feuers – eines «Weltenbrands» –, das zunächst Zerstörung verursache und anschließend zur Wiedergeburt *(palingenesis)* führe. Dem Religionswissenschaftler Mircea Eliade zufolge waren solche Ideen während der Hochphase der griechisch-römischen Kultur sehr populär.[15] Und bis heute ist die Idee einer «nationalen Wiedergeburt» bei vielen, meist rechtsextremen Parteien ein wichtiges Leitmotiv – wenn auch oftmals ohne konkreten Bezug auf die Antike.

Vielen Vertretern von historischen Zyklentheorien, die ihre Vorstellungen in den darauffolgenden Jahrhunderten artikulierten, ging dies allerdings nicht weit genug. Auch wenn sie die zugrunde liegende Prämisse – nämlich den Aufstieg und Niedergang von Zivilisationen – akzeptierten, waren sie mit der «kosmologisch» fundierten Begründung nicht zufrieden. Stattdessen fanden sie Erklärungen im menschlichen Verhalten und endeten oftmals mit Hypothesen, die menschlichen Fortschritt als Grund und Ursache für den anschließenden Zerfall ausmachten.

Ein frühes Beispiel ist der tunesische Historiker Ibn Khaldun (1332–1406), der wegen seiner empirischen Herangehensweise und seinem Interesse für politische und soziale Probleme oft als «erster Sozialwissenschaftler» oder «Urvater der Soziologie» bezeichnet wird. Sein Werk *Muqaddima* über den Aufstieg und Fall von Imperien erschien im Jahr 1377 und wurde noch Jahrhunderte später überall im Osmanischen Reich gelesen und diskutiert.[16] Wie alle anderen Zyklentheoretiker verstand Khaldun sein Studienobjekt als eine Art Organismus, der zur Welt kam, aufblühte und am Ende zerfiel. Was ihn von seinen Vorgängern unterschied, war zweierlei: Erstens ging es ihm nicht um das Universum als Ganzes, sondern um das Schicksal einzelner Stämme und Völker, die miteinander um Macht und Ressourcen konkurrierten. Er stellte also eine Art Theorie internationaler Beziehungen auf, in der es um den Wettbewerb unterschiedlicher Zivilisationen ging. Zweitens bestand der entscheidende Faktor in diesem Wettbewerb laut Ibn Khaldun nicht im Lauf der Planeten oder im göttlichen Willen, sondern in der Stärke der gemeinsamen Identität. Ibn Khalduns Bezeichnung hierfür war *'Asabīya* – ein arabischer Begriff, der je nach Kontext als Stammesverbundenheit, sozialer Zusammenhalt oder Nationalismus übersetzt wird.

Am Anfang, so Ibn Khaldun in der *Muqaddima*, ist die *'Asabīya* von manchen Stämmen so stark, dass sie andere problemlos niederwerfen und dadurch ihre Macht und Ausbreitung vergrößern können. Doch je reicher und erfolgreicher sie werden, desto mehr Probleme entstehen. Die Kontrolle des eigenen Territoriums bereitet zunehmend Schwierigkeiten, interne Konflikte brechen aus, und die Eliten werden immer selbstzufriedener. All dies führt zu einer Schwächung der *'Asabīya*, sodass Stämme, die ihren Nachbarn einst Angst und Schrecken einjagten, am Ende wenig mehr als Papiertiger sind, die zwar groß und mächtig erscheinen, denen aber der Wille fehlt, die eigene Gemeinschaft oder «Nation» zu verteidigen. (Der heutige Begriff für diesen Zustand wäre vermutlich «post-heroisch».)[17] An diesem Punkt, so Ibn Khaldun, werden selbst die mächtigsten Gemeinschaften verwundbar – und zwar oftmals gegenüber viel kleineren Konkurrenten, deren *'Asabīya* noch rein und stark ist. Alle Imperien machen deshalb über kurz oder lang Völkern mit stärkerer *'Asabīya* Platz, und der Kreislauf beginnt von Neuem.

Mehr als dreihundert Jahre später und auf der anderen Seite des Mittelmeers kam der Italiener Giambattista Vico (1668–1744) zu ähnlichen Schlussfolgerungen. Vico stammte aus einfachen Verhältnissen und eignete sich einen Großteil seines Wissens im Selbststudium an. Sein Hauptwerk, *Scienza Nuova* (*Die Neue Wissenschaft*), erschien in der ersten Ausgabe im Jahr 1725, fand aber erst nach seinem Tod größere Aufmerksamkeit. Es war einer der ersten Gegenentwürfe zu den Ideen der Aufklärung, die zu Vicos Lebenszeit in Freimaurerlogen und Kaffeehäusern überall auf dem Kontinent diskutiert wurden. Vicos Hauptkritik – an die später Goethe und die Generation der Romantiker anknüpfen sollten – war, dass sich die Aufklärer zu stark auf Logik und Ratio konzentrierten und dabei die Bedeutung von Emotion, Leidenschaft und dem Irrationalen vernachlässigten.[18]

Ähnlich wie bei Ibn Khaldun geht es in Vicos Zyklentheorie – umschrieben als *corsi e ricorsi storici*, als sich wiederholenden Lauf der Geschichte – um den Aufstieg und Fall von Nationen. Doch anders als sein tunesischer Vorgänger beschäftigte sich Vico nicht mit deren Beziehungen zueinander, sondern mit der Abfolge von Regierungsformen innerhalb eines Landes. In seiner Zyklentheorie ist der Urzustand «barbarisch» und die menschliche Existenz qualvoll. Der Ausweg besteht Vico zufolge in der Unterwerfung unter eine

Art Theokratie, die den chaotischen Naturzustand beende. Doch sobald sich die Menschen an den göttlichen Frieden gewöhnten, strebten die Eliten nach eigener Macht. Aus dem «Zeitalter der Götter» werde deshalb ein «Zeitalter der Helden» – der Feudalismus. Selbst diese Herrschaftsform sei jedoch nicht von Dauer, denn irgendwann wollten auch die Massen ihren Anteil, und so folge dem «Zeitalter der Helden» ein «Zeitalter der Menschen» – die Demokratie.

Damit war die Geschichte jedoch nicht zu Ende. Denn obwohl demokratische Gesellschaften eine Weile lang «tugendhaft» seien, fehle es ihnen laut Vico an Orientierung und Disziplin. Ähnlich wie bei Khaldun griffen im Laufe der Zeit Korruption und moralische Gleichgültigkeit um sich. Statt zu Einigkeit komme es zu Spaltung. Völker hätten «nach der Art wilder Tiere sich daran gewöhnt, an nichts anderes zu denken als an den besonderen Vorteil eines jeden». Die Folge seien «ewige Parteikämpfe und verzweifelte Bürgerkriege, die Städte zu Wäldern [und] Wälder zu Menschenhöhlen» machten, sodass am Ende des Kreislaufs wieder die «Barbarei» stand, mit der der Zyklus begonnen hatte.[19] Wie alle Zyklentheoretiker sah Vico den grenzenlosen Optimismus, der zum Dogma der liberalen Moderne wurde, also mit großer Skepsis und glaubte, dass Fortschritt früher oder später zu innerer Schwäche führte.

Natürlich gibt es noch weitere Zyklentheorien und zyklische Geschichtsvorstellungen, nicht zuletzt die «ewige Wiederkunft des Gleichen» Friedrich Nietzsches (1844–1900), die er in seinem Buch *Also sprach Zarathustra* formuliert.[20] Für die Entwicklung des Rechtsextremismus am wichtigsten war jedoch Oswald Spengler und sein *Untergang des Abendlandes.* Dank einer kleinen Erbschaft konnte sich der Gymnasiallehrer, der in Halle über griechische Philosophie promoviert hatte, ab dem Jahr 1911 vollständig dem Schreiben widmen. Der erste Band seines achthundertseitigen Mammutwerks erschien im Sommer 1918, wenige Wochen vor dem Ende des Ersten Weltkriegs, und wurde sogleich zum Bestseller.[21]

Spenglers Theorie basiert auf dem Studium von acht Hochkulturen. Seiner Auffassung nach folgten alle demselben Rhythmus: zuerst tausend Jahre des Aufstiegs und der Blüte, danach tausend Jahre der Reife und des Sterbens. Dabei unterscheidet er zwischen «Kultur», der lebendigen, kreativen und «werdenden» Periode, sowie «Zivilisation», der statischen, dekadenten und «gewordenen» Phase, die letztlich zum Niedergang führt. Die aus seiner Sicht entscheidende Parallele zur heutigen Zeit ist der Übergang von der griechischen zur römischen Antike: Während das alte Griechenland eine intellektuell lebendige «Kultur» gewesen sei, habe Rom außer Protz und militärischer Macht wenig zu bieten gehabt – und sei deshalb untergegangen.[22] An genau diesem Punkt befinde sich das westliche «Abendland»: Nach tausend Jahren des «Werdens» habe mit der Moderne die Phase der «Zivilisation» eingesetzt – und damit sein schrittweiser, aber unvermeidbarer Niedergang.

Im Gegensatz zu früheren Zyklentheoretikern beließ es Spengler nicht bei allgemeiner Fortschritts- und Aufklärungsskepsis, sondern verstand sein Modell als einen Gegenentwurf zur liberalen Moderne. Liberale Vorstellungen von «Menschheit» und «universellen Rechten» lehnte er ab. In seiner Theorie existierten nur einzelne Kulturen, die Träger ihrer jeweils eigenen Geschichte waren und völlig unterschiedliche Formen und Ideen hervorbrachten. «Menschheit» war für Spengler allenfalls ein «zoologischer Begriff oder ein leeres Wort», weil «‹die Menschheit› kein Ziel, keine Idee, keinen Plan [hat], so wenig wie die Gattung der Schmetterlinge oder der Orchideen ein Ziel hat».[23] Aus seiner Sicht ergebe es auch keinen Sinn, von «universellen Menschenrechten» zu sprechen, denn nicht alle Völker seien Träger von Geschichte oder hätten ähnliche Vorstellungen von Rechten.

Ähnlich wie die Traditionalisten verkehrte Spengler liberal-moderne Fortschrittsideen in ihr Gegenteil. Während die Aufklärer das Mittelalter als «dunkel» und rückständig porträtierten, war es für ihn eine Periode, in der das Abendland blühte, die Menschen eng mit Natur und Landschaft verwurzelt waren und mit Kirche und Landadel starke, gewachsene Institutionen existierten, die Halt und Ordnung gaben.[24] Der Kontrast hierzu war die moderne Großstadt, die einen völlig verkommenen Typus Menschen hervorgebracht habe: «ein neuer Nomade, ein Parasit, der Großstadtbewohner, der reine, traditionslose, in formlos fluktuierender Masse auftretende Tatsachenmensch, irreligiös, intelligent, unfruchtbar». Für Spengler war der Individualismus, also die Loslösung des Menschen von traditionellen Strukturen, nicht Befreiung, sondern ein «ungeheurer Schritt zum Anorganischen, zum Ende».[25]

Eng damit verbunden war seine Feindschaft gegenüber der Demokratie. Aus Spenglers Sicht war Demokratie gleichbedeutend mit der Herrschaft des Geldes, denn nur wer viel davon besitze, sei in der Lage, eine Bevölkerung für sich zu mobilisieren. Statt einer an spiritueller Entwicklung und «innerer Würde» orientierten Gesellschaft beförderten demokratische Systeme ein allumfassendes Streben nach Profit und ständiger «Ausdehnung». Die einzige Möglichkeit, die «Herrschaft des Geldes» zu besiegen, war durch Blut und Gewalt, und so prophezeite Spengler, dass Demokratie in letzter Konsequenz zum Aufstieg von populistischen Gewaltherrschern – sogenannten Cäsaren – führen würde, die ihre Staaten ausbeuteten und so den Verfall der abendländischen Kultur beschleunigten.[26]

Am Ende der «Demokratisierung» steht nach Spengler also ein Kollaps der staatlichen Ordnung – ein «Weltenbrand», der «jungen Völkern und fremden Eroberern» Tür und Tor öffnet.[27] Ein Bild, das der stoizistischen Kosmologie von vor zweieinhalb Jahrtausenden entliehen war, wurde so zum häufig zitierten Horrorszenario von der Weimarer Republik bis heute.

Die Pessimismusfalle

Trotz Spenglers Sympathien für die Nazis konnten diese wenig mit dem *Untergang des Abendlandes* anfangen. Als sie im Jahr 1933 an die Macht kamen, wurde das Buch zwar nicht verboten oder verbrannt, aber anders als beispielsweise Martin Heidegger oder Carl Schmitt (siehe Kapitel 3 und 6) erhielt sein Autor keine Ehrung oder besondere Stellung. Das Problem war, dass Spenglers Geschichtsphilosophie weder Rettung noch «Wiedergeburt» vorsah. Das «Abendland» war aus seiner Sicht zum Untergang verdammt, und die Cäsaren, von denen er schrieb, waren nicht Heilsbringer, sondern Zerstörer und Vorboten des Niedergangs. Für die Nazis war er damit letztlich zu pessimistisch, denn er ließ keine Aussicht auf ein «Drittes Reich».[28]

Bis heute sind Zyklentheorien – besonders die von Spengler – unter Rechtsintellektuellen sehr populär. Doch die Konsequenz ist ein Pessimismus, der es schwer macht, in der aktuellen Situation irgendein Potenzial für positive Veränderung zu erkennen. So schreibt der 1971 geborene Historiker Simon Kießling, das westliche Abendland befinde sich durch «Massenmigration» und Geschlechterdebatte in einem Prozess der «Selbstauslöschung», der so mächtig sei, dass ihm «das rechte/konservative Lager» nichts entgegenzusetzen habe.[29] «Der Alterungs- und Reifeprozess der Geschichte [schreitet] unaufhaltsam voran», meint Kießling, «und die in seinem Lauf durchschrittenen Epochen (...) sind ebenso unwiederbringlich verloren wie die Kindheit und Jugend eines alt und reif gewordenen Menschen.»[30] Welchen Sinn hatte es unter diesen Umständen noch, sich politisch zu engagieren?

Nicht alle Rechtsextremisten waren so fatalistisch wie Kießling (siehe Abbildung). Für Guénon etwa, der Spenglers *Untergang des Abendlandes* mit Begeisterung gelesen hatte, bestand ein möglicher Ausweg aus dem Rückzug ins Spirituelle. Nach seinen Berechnungen dauerte das «eiserne» Zeitalter *Kali Yuga* noch mindestens sechstausend Jahre, weshalb es keine Hoffnung gebe, dass sich am Zustand des Westens auf absehbare Zeit etwas ändere. Die Institution im Westen, die noch einen Rest der «ewigen Erkenntnis» verkörpere, war seiner Meinung nach die katholische Kirche. Doch selbst diese sei mittlerweile schwach und werde von Geistlichen angeführt, denen der «tiefere Sinn ihrer Lehre (...) offenbar nicht mehr bewusst ist».[31]

	Optimistisch	**Pessimistisch**
Aktiv	Liberale Moderne	Rechter Akzelerationismus (Evola)
Passiv	Hoffnung auf Retterfigur (Yockey)	Rückzug ins Spirituelle (Guénon)

Reaktionen auf liberal-modernen Optimismus

Die Lösung, die er in seinem 1927 erschienen Werk *Die Krise der modernen Welt* vorschlägt, ist die Bildung einer kleinen Elite, die sich Überreste der «Tradition» bewahren und nachfolgenden Generationen weitergeben solle, sodass es am Ende des *Kali Yuga* eine Gruppe von Menschen gäbe, die das neue Zeitalter im «traditionalistischen» Sinne gestalten könnten. «Es kommt nicht auf die Zahl an», so Guénon, «denn wir befinden uns hier in einem Bereich, dessen Gesetze ganz andere als die der Materie sind.»[32] Und weiter: «Selbst wenn es keine Hoffnung [gibt], zu einem spürbaren Ergebnis zu kommen, bevor die moderne Welt in irgendeiner Katastrophe untergeht, wäre dies noch immer kein stichhaltiger Grund, um [dieses] Werk zu unterlassen.»[33]

Konkret bedeutete Guénons Ansatz, dass sich Gegner der westlichen Moderne «östlichen» Religionen wie etwa Buddhismus, Hinduismus oder Islam anschließen sollten, die noch Teile der «ewigen Erkenntnis» in sich trugen und nicht Gefahr liefen, von westlichen Ideen «infiziert» zu werden. Guénon selbst ging mit gutem Beispiel voran, konvertierte zum Islam, zog nach Ägypten und wurde Mitglied eines sufistischen Ordens. In den zwanzig Jahren bis zu seinem Tod im Jahr 1951 lebte er dort in der Villa eines englischen Bewunderers, gründete eine Familie und verbrachte die meiste Zeit mit Gebet und dem Studium religiöser Texte.[34]

Einen anderen Weg beschritt Julius Evola (1898–1974), italienischer Aristokrat, Maler, Dichter, Philosoph und Lebemann, der ebenfalls der traditionalistischen Denkrichtung zugerechnet wird. Mehr noch als Guénon war Evola an hinduistischer Kultur interessiert und verstand das Kastensystem als «natürliche Ordnung», die jeder Gesellschaft zugrunde liegen sollte. Seine Erklärung für den Niedergang der Moderne war, dass die Macht im Staate von Priestern und Kriegern, den traditionell höchsten Kasten, auf die «Händler und Proletarier» übergegangen sei, deren Materialismus die «ewige Erkenntnis» vernichtet hatte. Wie Guénon war Evola ein Bewunderer Spenglers und übersetzte den *Untergang des Abendlandes* ins Italienische.[35]

Ein Rückzug ins rein Spirituelle kam für Evola nicht infrage. Mit seinem wichtigsten Buch, das im Jahr 1934 erschien, proklamierte er eine *Revolte gegen die moderne Welt* und rief seine Anhänger dazu auf, sich gegen den liberal-modernen Zeitgeist aufzulehnen. In seinem letzten, mehr als fünfundzwanzig Jahre später veröffentlichten Buch, *Den Tiger reiten*, präzisierte er, was damit gemeint war. Es gehe nicht darum, den Vormarsch der Moderne zu stoppen. Dies sei, so Evola, ohnehin unmöglich, denn «die Strömung ist zu stark; man würde von ihr überwältigt».[36] Im Gegenteil: Die beste Strategie sei es, der liberalen Moderne freien Lauf zu lassen, sodass sie an ihren Widersprüchen zugrunde gehe. So ist auch der Titel des Buches zu verstehen: Wenn die Gegner der Moderne den metaphorischen Tiger «ritten», statt sich ihm entgegenzustellen, würde er dadurch schneller müde und besiegte sich am Ende selbst.

Wie der Historiker Tobias Hof zeigt, war Evolas intellektuelles Vermächtnis komplex und oftmals zweideutig. Im Nachkriegsitalien entwickelten rechtsextreme Terrorgruppen aus seinen Ideen eine «Strategie der Spannung», die die gesellschaftliche Kluft vertiefen und den Zusammenbruch der demokratischen Ordnung beschleunigen sollte.[37] Jahrzehnte später wurde daraus eine rechte Interpretation des Akzelerationismus, auf den sich Terroristen bis zum heutigen Tag zur Rechtfertigung ihrer Anschläge beziehen (siehe Kapitel 6).[38]

Einen dritten Ausweg aus der Pessimismusfalle formulierte der amerikanische Anwalt Francis Parker Yockey (1917–1960), ein glühender Faschist, der als Mitarbeiter des Nürnberger Kriegsverbrechertribunals gefeuert wurde, weil er Verbindungen zu Nazis unterhielt. In den darauffolgenden Jahren bemühte er sich, die verbliebenen Anhänger des Faschismus in aller Welt miteinander zu vernetzen. Doch obwohl er mehrere gefälschte Pässe besaß, kam ihm das FBI auf die Spur, und noch während der Untersuchungshaft nahm er sich das Leben. Einer seiner Anhänger machte es sich anschließend zur Lebensaufgabe, Yockeys Werk – speziell sein Buch *Imperium*[39] – zu verbreiten. Noch Jahrzehnte später galt es in den USA als «einflussreichstes antisemitisches Buch seit Hitlers *Mein Kampf*».[40]

Imperium entstand in den Jahren 1947 und 1948 während eines sechsmonatigen Aufenthalts in Irland. Ein Großteil des Buchs ist ein um persönliche Kommentare angereichertes Plagiat von Spenglers *Untergang des Abendlandes*. Der Antisemitismus ist bei Yockey jedoch expliziter, und auch die Rolle Amerikas bekommt mehr Aufmerksamkeit. Im Gegensatz zu vielen Rechten, die damals eine Allianz mit den Vereinigten Staaten befürworteten, um den Kommunismus zu bekämpfen, vertrat Yockey die Überzeugung, dass Amerika genauso schlecht und «verdorben» sei wie die Sowjetunion. Seine Idee eines europäischen «Imperiums», das sich von Ideologien wie dem Liberalismus und dem Sozialismus gleichermaßen absetzte, wurde zur Inspiration für die «dritte Position» oder den «dritten Weg» – ein Versuch von Neofaschisten, eine eigenständige Haltung zum Kalten Krieg zu entwickeln.[41]

Yockeys vielleicht wichtigste «Innovation» bestand in seiner Interpretation der «Cäsaren». Statt Zerstörer sind diese bei ihm «Retter», die den Aufstieg und die «Wiedergeburt» der abendländischen Hochkultur ermöglichen sollen. Damit bezog er sich auf eine Idee des schottischen Historikers Thomas Carlyle, der im 19. Jahrhundert argumentierte, dass der Gang der Geschichte durch Entscheidungen «großer

Männer» bestimmt wurde.[42] Obwohl Yockey keine Namen nannte, bestand wenig Zweifel, welche Männer er dabei im Sinn hatte: Benito Mussolini und Adolf Hitler.

Natürlich kann niemand sagen, ob Donald Trump Yockeys Vorstellung eines «Cäsaren» entsprochen hätte, doch der Mythos der Retterfigur, den sein Buch so stark herausstellt, erlebte mit Trumps Kandidatur und Präsidentschaft ein Revival. Trump selbst stellte sich häufig als solcher dar, und viele seiner Anhänger waren davon überzeugt, dass nur er sein Land vor dem Niedergang bewahren könne. In gewissem Sinne folgte er damit, wenn auch unbewusst, Yockeys Tradition.[43]

2. ORDNUNG

Anders als beim Pessimismus entstand die zweite Wurzel des Rechtsextremismus erst durch den Vormarsch der liberalen Moderne. Aus ideologischer Sicht ist die Sehnsucht nach Ordnung eng mit dem Konservatismus verbunden, der wiederum zwei Gesichter hat: auf der einen Seite ein relativ harmloses Verlangen nach Stabilität und das Bedürfnis, gewachsene Institutionen oder gesellschaftliche Normen in Zeiten enormer Veränderung zu bewahren; auf der anderen Seite die systematische, teils radikale Zurückweisung neuer Gleichheitsansprüche im Namen einer vermeintlich «natürlichen» Ordnung oder Hierarchie.

Ein besonders extremes Beispiel für die zweite Interpretation ist der Amerikaner Elliot Rodger. Der zweiundzwanzigjährige Student aus dem kalifornischen Isla Vista – einer kleinen, wohlhabenden Universitätsstadt etwa anderthalb Stunden von Los Angeles – erstach am 23. Mai 2014 drei Mitbewohner, fuhr anschließend zum Haus einer Studentinnenverbindung, wo er zwei junge Frauen erschoss, und lieferte sich danach eine Verfolgungsjagd mit der Polizei, bei der er wahllos aus dem Fenster feuerte, mehrere Passanten verletzte und einen weiteren Mann tötete. Mehr als drei Stunden nachdem er mit seinem «Massaker» begonnen hatte, crashte er sein Fahrzeug und erschoss sich selbst.

Wie sich kurze Zeit später herausstellte, bezeichnete sich Rodger als Incel, war also Teil der eingangs erwähnten Subkultur, in der sich junge, sexuell frustrierte Männer online miteinander vernetzen und ihrem Hass auf Frauen freien

Lauf lassen. Damals konnte man mühelos Hunderttausende entsprechender Postings auf Webseiten wie Reddit oder 4Chan finden. Ein Großteil dieser Beiträge waren Gewaltfantasien, mit denen Frauen für ihre angeblichen Demütigungen «zahlen» sollten. Rodger selbst träumte von einem «Konzentrationslager», in dem er dabei zuschauen wollte, wie Frauen verhungerten.[1]

Was hat all dies mit Ordnung, geschweige denn mit Konservatismus zu tun? Je intensiver man sich mit den Incels beschäftigt, desto offensichtlicher wird, dass hinter ihrem Hass ein komplettes Gedankengebäude steht. Die Argumentation ist dabei folgende: Vor der Gleichberechtigung waren Frauen zur Sicherung ihres materiellen Wohlergehens auf Männer angewiesen, was bedeutete, dass praktisch alle Männer, egal wie erfolgreich oder attraktiv, am Ende eine Frau «abbekamen». Da Frauen heutzutage selbst für ihren Lebensunterhalt sorgen und sich Sexualpartner frei aussuchen können, habe sich das Verhältnis umgekehrt. Ergebnis sei, dass die attraktivsten zwanzig Prozent der Männer (sogenannte Alphas oder Chads) alle Frauen bekämen, während die weniger attraktiven achtzig Prozent (sogenannte Betas) leer ausgingen.[2] Aus Sicht der Incels wurde durch die Gleichberechtigung also eine «natürliche Ordnung» zerstört, die das Verhältnis der Geschlechter seit jeher zur vermeintlichen Zufriedenheit aller – besonders aber von Betas wie Rodger – reguliert hatte.

Der Philosoph Karl Mannheim erfasste die dahinterstehende Logik bereits in den 1920er-Jahren. Ein eigenständiges «konservatives Bewusstsein» existiere gar nicht, so seine These, denn «im Idealfalle [ist der Konservatismus] völlig in Deckung mit der jeweils von ihm beherrschten Wirklichkeit», also dem Status quo. Erst die Revolution der liberalen Moderne habe Konservative dazu gezwungen, sich selbst und ihre Position genauer zu definieren. Das Ergebnis war eine Art «Gegenutopie», deren hauptsächlicher Zweck aus «Selbstorientierung und (...) Abwehr» bestand.[3] Mit anderen Worten: Was vor 1789 keiner Erklärung bedurfte, weil es als «normal» und «natürlich» galt, wurde in der Zeit danach zum eigenständigen Ideensystem, das sich jedoch stets über seine Opposition zum egalitären, emanzipatorischen Zeitgeist definierte. Dieter Stein, Chefredakteur der rechts-konservativen Zeitung *Junge Freiheit*, brachte es auf den Punkt: Aus seiner Sicht bedeutete Konservatismus «natürliche Hierarchie und Autorität *gegen* die Utopie totaler Gleichheit».[4]

Obwohl in den allermeisten Fällen weniger hasserfüllt als bei Rodger, so wurde diese «Gegenutopie» im Laufe der letzten zweihundertfünfzig Jahre immer wieder neu und auf verschiedene Weise formuliert. Entsprechend unterschiedlich fielen auch die Schlussfolgerungen aus: Während einige darauf hofften, dass sich die Uhr irgendwie zurückdrehen ließe, versuchten besonders die Faschisten, das Bewahren «natürlicher» Ordnung mit Fortschritt und Revolution zu verbinden.

Konterrevolutionäre Wurzeln

Wer verstehen will, wie sich rechte Vorstellungen von «natürlicher» Ordnung entwickelt haben, muss – wie so oft – bei der Französischen Revolution beginnen. Sie war der entscheidende Durchbruch für die liberale Moderne in Europa – das erste Mal, dass sich ein wichtiger Staat ein System gab, in dem jeder Mensch «gleich» war und dieselben Rechte hatte. Die Umsetzung dieser Vision war jedoch schwieriger als angenommen. Innerhalb der Revolution existierten völlig unterschiedliche Ansichten über die Form des neuen Staates. Während der Jahre 1792 bis 1794 kam es so zur «Schreckensherrschaft» der Jakobiner, die jeglichen Kompromiss mit der alten Ordnung ablehnten und nicht nur den König und seine Frau, sondern zwanzigtausend weitere, der Konterrevolution verdächtige Franzosen unter die Guillotine brachten. Und auch wenn es moderateren Kräften anschließend gelang, die Macht zurückzuerobern, mussten die Revolutionäre in den folgenden Jahren mit zahlreichen Krisen kämpfen und waren zunehmend auf das Militär angewiesen, um ihre Autorität durchzusetzen. Am Ende des Jahrzehnts putschte sich der populäre General Napoleon Bonaparte an die Macht und hebelte die demokratischen Institutionen aus.

Ein aufmerksamer Beobachter dieser Ereignisse war der irisch-britische Politiker Edmund Burke (1729–1797), der häufig als «Urvater» des Konservatismus bezeichnet wird. Burke stammte aus einer bürgerlichen Familie in Dublin und begann in London eine juristische Karriere, die er jedoch nach kurzer Zeit zugunsten von Schriftstellerei und Politik aufgab. In fast drei Jahrzehnten als Mitglied des britischen Unterhauses äußerte er sich zu praktisch allen Themen der Zeit und vertrat dabei oftmals relativ liberale Positionen. So sprach er sich gegen die Todesstrafe und den Sklavenhandel aus und setzte sich für Freihandel, religiöse Minderheiten und mehr Selbstbestimmung in den britischen Kolonien ein. Auch der Französischen Revolution stand er anfangs offen gegenüber: «Es ist unmöglich», so in einem Brief vom August 1789, «den Elan [der Revolutionäre] nicht zu bewundern.»[5]

Burkes Einstellung änderte sich drastisch, als deutlich wurde, wie radikal die Ziele der Revolutionäre waren und wie rücksichtslos sie bei ihrer Durchsetzung vorgingen. Bereits im Jahr nach dem Sturm auf die Bastille, im November 1790, veröffentlichte er seine *Betrachtungen über die Französische Revolution,* die bis heute als wichtigste konservative Kritik der Umwälzungen in Frankreich gelten. Er beklagt darin, dass die Revolutionäre nicht nur den König gestürzt hätten, sondern – mit ihm – auch die gesamte gesellschaftliche Ordnung. In kürzester Zeit, so Burke in einer Rede vom Februar 1790, «haben sie ihre Monarchie vollständig dem Erdboden gleichgemacht; ihre Kirche; ihren Adel; ihr Recht; ihre Staatseinnahmen; ihre Armee; ihre Marine; ihren Handel; ihre Künste; und ihre Industrie».[6] Anstelle von Gleichheit und Freiheit habe die Revolution Chaos gebracht, und es sei eine totalitäre, «plündernde, grausame, blutige und tyrannische Demokratie» entstanden.[7]

Burkes zentraler Gedanke war, dass Freiheit und Ordnung einander bedingten und dass Gleichheit und sozialer Fortschritt nur dann möglich seien, wenn zuerst die Institutionen respektiert würden, die sich im Laufe der Geschichte herausgebildet hatten. Zur «natürlichen Ordnung» gehörten seiner Auffassung nach Monarchie und Kirche, die für Stabilität sorgten, sowie Familie und Eigentum, die die Stellung einer Person im sozialen Gefüge bestimmten.

Burke war kein Absolutist, und er argumentierte leidenschaftlich für ein Gleichgewicht zwischen Monarchie und Parlament. Aber er war eben auch auch kein Demokrat, denn er glaubte nicht, dass «einfache Leute» dazu fähig seien, komplexe Fragen zu entscheiden oder der Verführung von Demagogen zu widerstehen. Anders ausgedrückt: Burke war nicht grundsätzlich gegen Fortschritt, aber Ordnung, Stabilität und «organischer» Wandel hatten stets Vorrang und galten ihm als Voraussetzung dafür, dass liberale Errungenschaften, egal welcher Art, von Bestand sein würden.

Demgegenüber war der savoyische Diplomat Joseph de Maistre (1753–1821) in seiner Ablehnung der Revolution viel entschiedener. De Maistre kam zwar nicht aus Frankreich, hatte aber vielfältige Kontakte in das Land. Zur Schule ging er bei den Jesuiten, was ihn für sein Leben prägte. Bereits vor der Revolution kritisierte er das französische Königshaus für seine Gottlosigkeit, und als es gestürzt wurde, meinte er, dass dies die gerechte Strafe dafür sei.[8] Genauso wie bei Burke, dessen *Betrachtungen* er gelesen hatte, war seine allererste Reaktion auf die Revolution nicht ablehnend. Aber spätestens im Jahr 1792, als er aus Frankreich fliehen musste, wurde er zu ihrem schärfsten Gegner. Die Jakobiner beschrieb er als «monströse Macht, trunken von Blut und Erfolg – das schrecklichste Phänomen, das je gesehen wurde».[9]

Die Grundlage für de Maistres Kritik war ein zutiefst pessimistisches Welt- und Menschenbild. Anders als die Aufklärer, die in Menschen meist das Gute sahen, begriff de Maistre seine Zeitgenossen als von Grund auf schlecht. In einem seiner wichtigsten Texte, den 1821 postum veröffentlichten *Abendstunden zu St. Petersburg*, beschreibt er den Urinstinkt des Menschen wie folgt: «Er tötet, um sich zu nähren; er tötet, um sich zu kleiden; er tötet, um sich zu schmücken; er tötet, um anzugreifen; er tötet, um sich zu verteidigen; er tötet, um sich zu unterrichten; er tötet, um sich zu vergnügen; er tötet, um zu töten. Stolzer und furchtbarer König, [der Mensch] braucht alles und nichts widersteht ihm.»[10]

Die Ereignisse in Frankreich, so de Maistre, hätten nichts an dieser Dynamik geändert. Im Gegenteil: Durch ihre vermeintlichen Ideale und das Gefühl moralischer Überlegenheit seien die Menschen noch arroganter und rücksichtsloser geworden. Hunderttausende, wenn nicht sogar Millionen von Menschen hätten im Laufe der Revolution und den darauffolgenden (Napoleonischen) Kriegen ihr Leben lassen müssen. Keine Krankheit sei je so tödlich gewesen wie die (revolutionäre) Medizin.

Die Art von Ordnung, die de Maistre vorschwebte, war hierarchisch und extrem autoritär. Um die Menschen vor ihren Instinkten zu schützen, brauche es strengere Gesetze und die «Henker», die sie mit gnadenloser Härte umsetzten. Dabei müsse die Hierarchie so dauerhaft sein, dass niemand auf den Gedanken komme, sie herauszufordern. Nur die Monarchie war dafür geeignet, denn keine andere Staatsform war so voraussagbar und vermittelte gleichzeitig so viel Autorität. Für den bedeutendsten Faktor hielt er Religion: Aus seiner Sicht waren Ordnungen, die ausschließlich auf «logischen Argumenten» beruhten, von Natur aus schwach und angreifbar. Deshalb sollten sich Königshäuser stets auf «göttliche Autorität» berufen und ihre Entscheidungen damit legitimieren. Der Literaturkritiker Émile Faguet karikierte diese Staatsvorstellung später als «monströse Dreieinigkeit» – bestehend aus «Papst, König und Henker».[11]

In Deutschland war die wichtigste intellektuelle Strömung zu dieser Zeit, die Romantik, zunächst relativ unpolitisch. Sie entstand im späten 18. Jahrhundert und umfasste in der ersten Generation vor allem Dichter, Literaturkritiker, Philosophen und Theologen, die sich im Kreis um August Wilhelm Schlegel, dessen Ehefrau Caroline und Friedrich Schlegel versammelten, so etwa Friedrich Wilhelm Joseph Schelling, Ludwig Tieck, Friedrich von Hardenberg (Novalis), Friedrich Schleiermacher und andere. Zu den späteren Vertretern zählen unter anderem Bettina und Achim von Arnim, Clemens Brentano und Joseph von Eichendorff. Selbst im aufklärerischen Umfeld sozialisiert, propagierten die Romantiker ein vielschichtiges «Gegenprogramm». Einerseits knüpften sie an zentrale aufklärerische Prämissen an, andererseits setzten sie der Verabsolutierung von Vernunft, die sie in der modernen Gegenwart erkannten, eine Rückbesinnung auf Natur und Traum, das «Irrationale» und Unerklärbare sowie Mythen und mittelalterliche Legenden entgegen.

Ähnlich wie bei Burke gab es für die Französische Revolution unter den (frühen) Romantikern zuerst Unterstützung. Doch im Zuge der Napoleonischen Kriege, als Frankreich große Teile Deutschlands unter seine Kontrolle brachte, verstärkte sich der Hass auf Frankreich und inspirierte in Teilen der Bewegung einen (deutschen) Nationalismus, der sich gegen Frankreich und seine Ideen – und damit gegen die liberale Moderne – richtete.[12] Ein gutes Beispiel ist der Philosoph Johann Gottlieb Fichte (1762–1814). In seinen jungen Jahren war Fichte ein glühender Anhänger des aufklärerischen Philosophen Immanuel Kant, dessen Schriften er so perfekt imitierte, dass sie mit seinem großen Vorbild verwechselt wurden. Noch im Jahr 1793, als die Jakobiner bereits Tausende von Gegnern aufs Schafott geschickt hatten, veröffentlichte er zwei Artikel, in denen er die Französische Revolution pries und sie als Fortschritt der menschlichen Entwicklung hin zu mehr Freiheit und Gleichheit beschrieb.[13]

Doch das änderte sich, als Napoleons Armee in Deutschland einmarschierte. In seinen *Reden an die deutsche Nation* aus dem Jahr 1808 formulierte Fichte einen Nationalismus, mit dem sich Deutschland nicht nur von der französischen Besatzung befreien sollte, sondern auch von den aufklärerischen Werten, die seiner Meinung nach deutsche Sittlichkeit, Religion und Ehre untergruben. Die deutsche Nation sei all ihren Nachbarn überlegen, so Fichte; sie war nicht nur besser, «schöpferischer» und «tiefer» als alle anderen, sondern auch «reiner». Seine Vorstellungen vom «Urvolk» und von kultureller «Ursprünglichkeit» wurden noch Jahrzehnte später aufgegriffen und fortgeschrieben.[14]

Diese Ideen prägten auch die «völkische Bewegung», die ab der zweiten Hälfte des 19. Jahrhunderts entstand.[15] Ihre Prämisse war, dass es eine höhere «Essenz» Deutschlands gebe, die sich in deutscher Landschaft, Geschichte, Sprache, deutschen Tugenden und sogar im Aussehen «deutscher Männer und Frauen» widerspiegele. Gleichheit und Kapitalismus stellten diese Ordnung infrage, da Menschen durch sie entwurzelt und in modernen Großstädten dem «Volksgeist» entfremdet würden. Die richtige Antwort auf die revolutionären Herausforderungen war aus ihrer Sicht eine Rückbesinnung auf Nation, Landschaft und Mythen, die die Verbundenheit mit dem «Volksgeist» stärken sollten.[16]

Deutlichstes Anzeichen für die schrittweise Radikalisierung der Bewegung war die Wiederbelebung eines alten Feindbilds. Schuld an der angeblichen Entfremdung hatten nämlich nicht mehr nur Frankreich und die Revolution, sondern auch – und vor allem – die Juden. Aus völkischer Sicht waren die Juden, die vor allem in Großstädten lebten und von Gleichheit, Emanzipation, wissenschaftlichem Fortschritt und Industrialisierung zu profitieren schienen, Sinnbild für die Abwendung von Natur und der völkischen Idee von Heimat. Hierzu passte auch das Stereotyp vom «wandernden Juden», der überall Geschäfte mache, aber nirgendwo zu Hause sei. Wie der deutsch-amerikanische Historiker George Mosse schreibt: «Der Jude war der Feind [im Innern] (…) Er stand wie niemand anderes für die Moderne in all ihrer Destruktivität.»[17]

Die Gleichheitsfrage

Durch den Vormarsch von Aufklärung und liberaler Moderne entstand für Rechte also eine völlig neue Situation. Es reichte nicht mehr, Staatstreue einzufordern oder auf «Bewahren» zu pochen, denn die «Fortschrittlichen» waren jetzt Mainstream, und immer mehr Regierungen machten ihre Ideen zum Staatszweck. Auf einmal waren es die Rechten, mit ihren Privilegien und scheinbar antiquierten Vorstellungen über «gewachsene» oder «natürliche» Ordnungen, die sich in Gegnerschaft zu System und zum Zeitgeist befanden.

Aus diesem Dilemma heraus entwickelten sich verschiedene Ansätze, wie mit dem liberal-modernen Zeitgeist umzugehen sei (siehe Abbildung). Die scheinbar pragmatischste war das Bremsen. Besonders Rechte aus der Tradition Burkes kamen relativ bald zu dem Schluss, dass es nicht mehr möglich – oder sinnvoll – sei, neue Gleichheitsansprüche immer und überall zu verhindern, speziell, wenn es so schien, als bewege sich die Gesellschaft ohnehin in eine bestimmte Richtung. Ihre Priorität war die Stabilität der Institutionen, und wenn sich liberal-moderne «Projekte» wie zum Beispiel die Ausweitung des Wahlrechts auf «niedere Stände» oder Frauen damit vereinbaren ließen, gaben sie ihren Widerstand zumeist auf und setzten sich stattdessen dafür ein, dass Konsequenzen abgefedert und bestehende Privilegien so weit wie möglich bewahrt wurden.

	Liberal	**Anti-liberal**
Revolutionär	Liberale Moderne →	Faschismus (Sorel, Mussolini)
Bewahrend	Rechts-Libertärismus (Burke, Scruton)	Integralismus, Rechtskatholizismus (Maurras, de Maistre)

Reaktionen auf liberal-moderne Gleichheitsansprüche

Ein weiterer Bestandteil dieser Agenda betraf die Stärkung traditioneller Institutionen. Noch im Jahr 2013 argumentierte der eingangs erwähnte Philosoph Roger Scruton, dass «unsere heutige Situation die von Burke» widerspiegelt. «Damals wie heute», so Scruton, «drohen abstrakte Ideen und utopische Schemata, die praktische Weisheit aus dem politischen Prozess zu verdrängen.» Ein besonderer Dorn im Auge war ihm «die abstrakte Idee der Menschenrechte, die uns von europäischen Gerichten aufgezwungen wird, deren Richter nichts über unsere einzigartige soziale Ordnung wissen».[18]

Mit diesem Argument begründete Scruton nicht nur seine Unterstützung für den Brexit, den britische Wähler drei Jahre später in einem Referendum beschlossen, sondern darüber hinaus seinen Enthusiasmus für zivilgesellschaftliche Initiativen, die der Stärkung von Ehe, Familie, Vereinen, Kirchen, Studentenverbindungen und nachbarschaftlichen Gruppen dienten. Aus seiner Sicht ging es darum, «organische» und insbesondere nichtstaatliche Gesellschaftsstrukturen zu stärken, um sie auf diese Weise vor dem Zugriff liberal-moderner Eliten – egal ob in London oder Brüssel – zu schützen.[19]

Dies war auch die ideologische Brücke hin zu den sogenannten Rechtslibertären, die zwar aufklärerische Werte wie Vernunft und Fortschritt bejahten und die Durchsetzung von Freiheitsrechten begrüßten, sich aber mit Händen und Füßen gegen einen scheinbar immer mächtigeren, auf Gleichheit und Umverteilung pochenden Staat wehrten und stattdessen auf eine Rückkehr von Eigenverantwortung setzten.[20] «Wenn links und *woke* gegen (...) die Familie und die private Zivilgesellschaft agitieren», so etwa der Schweizer Journalist Dominik Feusi, «dann machen sie das, (...) weil man links genau weiß, dass es diese privaten Zellen von unten sind, welche Widerstand leisten gegen die [linke] Staatsmacht von oben.»[21] Die rechte Ablehnung von «Wokeness» und «politischer Korrektheit» wurzelt also letztlich in derselben Furcht vor der Übermacht «progressiver Eliten», die Konservative bereits zu Burkes Zeiten umtrieb.

Eine zweite Tradition verfolgte einen anderen Ansatz. Ihr Begründer ist Charles Maurras (1868–1952), ein intellektueller Erbe Joseph de Maistres und Vordenker der einflussreichen nationalistischen Bewegung *Action Française*, die im Jahrzehnt vor dem Ersten Weltkrieg ihren größten Zuspruch erfuhr. Maurras stammte aus einer streng katholischen Familie im Süden Frankreichs, und obwohl er sich in seinen Jugendjahren vom Glauben abwandte, wurde er innerhalb weniger Jahre zum führenden Vertreter eines religiösen Nationalmonarchismus, der auch als «integraler Nationalismus» bezeichnet wird und nicht nur die Französische Revolution, sondern jegliche Form von Demokratie komplett ablehnte.

Seine Gegnerschaft gegenüber der Demokratie beruhte größtenteils auf denselben Gründen, die auch andere antirevolutionäre Denker angeführt hatten. Menschen seien von Natur aus ungleich, so Maurras, und nur die wenigsten seien schlau und begabt. Gleichheit und Mehrheitsprinzip hätten dazu geführt, dass «die Macht in den Händen der Zahlreichsten liegt, was bedeutet: den minderwertigsten Elementen der Nation, den am wenigsten energischen Produzenten [und] den unersättlichsten Konsumenten».[22] Maurras propagierte einen extremen Nationalismus, der sich gegen andere Nationen, aber auch «Ausländer im Inneren» wie etwa Juden, Protestanten und Freimaurer richtete. Am wichtigsten war ihm jedoch die Vorherrschaft von Monarchie und katholischer Kirche, und zwar nicht aus sentimentalen oder religiösen Gründen, sondern weil er die Kombination aus König und Kirche für die natürlichste und rationalste Gesellschaftsordnung hielt. Monarchie war aus seiner Sicht «das geringste Übel. Und die Möglichkeit zu etwas Gutem.»[23]

Wegen seiner Judenfeindlichkeit wird Maurras oft als intellektueller Vorreiter der Nazis beschrieben, und der Umgang mit ihm hat in Frankreich zahlreiche Kontroversen verursacht.[24] Doch seine Tradition war eine andere, und bereits Mitte der 1930er-Jahre sprach er sich gegen den Nationalsozialismus aus und distanzierte sich später auch vom italienischen Faschismus. Maurras' Ablehnung begründete sich nicht nur damit, dass die Nazis Deutsche und damit Erzfeind waren, sondern auch mit ihrer Ideologie. Maurras war kein Revolutionär, sondern ein Reaktionär, der am liebsten die Zustände von vor der Französischen Revolution wiederhergestellt hätte. Statt für den Faschismus diente seine Staatsvorstellung als Vorbild für erzkonservative Diktaturen wie etwa in Spanien unter General Franco, wo es ab 1939 zu einer engen Verbindung zwischen Militär und katholischer Kirche kam. Für Maurras, der Franco von Anfang an unterstützt hatte, war der dortige Bürgerkrieg ein «Religionskrieg» zwischen gottlosen Individualisten und «denjenigen, die glauben, dass Menschen nur als Teil einer natürlichen Gruppe etwas zählen».[25] Bis heute üben er und de Maistre bedeutenden Einfluss auf den sogenannten Rechtskatholizismus aus (siehe Kapitel 5).

Die dritte Antwort auf das «Gleichheitsdilemma» war genau das, was Maurras ablehnte, nämlich eine Art revolutionärer Konservatismus. Auf den ersten Blick klang das wie ein Widerspruch, geht es doch beim Konservatismus vermeintlich ums «Bewahren». Doch bereits einige Jahre vor Maurras arbeitete sein Landsmann George Sorel (1847–1922) an einer Synthese zwischen den zwei scheinbar widersprüchlichen Imperativen. Sorel war ein Beamter, der in seinen späten Dreißigern damit begonnen hatte, Artikel über politische Themen zu veröffentlichen. Zeit seines Lebens lehnte er die Demokratie ab und hatte – zumindest zu Beginn seiner schriftstellerischen Tätigkeit – große Sympathien für den Sozialismus. Aber dies änderte sich im Laufe der Zeit, sodass am Ende ein politischer Ansatz stand, der rechte Ziele mit linksrevolutionären Methoden verband und damit laut dem Politikwissenschaftler Zeev Sternhell die ideologische Grundlage für den Faschismus schuf.[26]

Was Sorel von Anfang an mit Rechten gemein hatte, war sein Hass auf das (liberale) Bürgertum und «Moderate» aus allen Parteien, die seiner Meinung nach nur eigene, materielle Interessen verfolgten. Anders als bei Maurras galt seine Aufmerksamkeit und Sympathie der Arbeiterklasse, die überhaupt erst durch Fortschritt und Industrialisierung entstanden war und in genau den Großstädten lebte, die die Rechten traditionell verachteten. Doch seiner Meinung nach hatten auch die Sozialdemokraten bei der Vertretung von Arbeiterinteressen versagt. Wie Sorel in seinem 1908 veröffentlichten Buch *Über die Gewalt* schrieb, brauche es eine soziale Revolution, um die Eigentumsverhältnisse und Strukturen des Staates ganz grundsätzlich neu aufzustellen.[27] Nach dem Fehlschlagen verschiedener Streiks in den ersten Jahren des 20. Jahrhunderts verbündete er sich deshalb mit der *Action Française* und verfolgte die Idee einer «Querfront», also einer Art Bündnis von revolutionär orientierten Linken mit revolutionär orientierten Rechten.[28] Seiner Überzeugung nach hatte nur der Nationalismus genügend Mobilisierungspotenzial, um der erhofften Revolution zum Durchbruch zu verhelfen.[29]

Der italienische Faschistenführer Benito Mussolini (1883–1945) befand sich auf einem ähnlichen Weg. Im Alter von knapp zwanzig Jahren emigrierte er in die Schweiz, wo er zunächst als Steinmetz arbeitete und später studierte. Obwohl er bereits damals in der sozialistischen Bewegung aktiv war, interessierte sich Mussolini für rechte Ideen und las mit großem Interesse die Schriften von Sorel, den er später als «Meister» bezeichnete.[30] Genauso wie Sorel änderte er nie sein ultimatives Ziel – Revolution und «Befreiung» der Arbeiterklasse –, aber verwarf Gleichheitsansprüche und erkannte im Nationalismus eine Ideologie, die ganz offensichtlich erfolgversprechender zu sein schien als der Sozialismus.

Dasselbe galt in letzter Konsequenz auch für Hitler und die Nationalsozialisten. Wirklich neu an der sogenannten Konservativen Revolution, die den Nationalsozialisten den Weg bereitete, war nicht besonders viel: Sie bestand aus denselben völkischen, nationalliberalen und aristokratischen Kräften, die bereits in den vorangegangenen Jahrzehnten auf der rechten Seite des politischen Spektrums aktiv gewesen waren. Laut dem Historiker Stefan Breuer war der einzige Unterschied eine größere Offenheit gegenüber «proletarischen» oder «national-bolschewistischen» Strömungen und die Bereitschaft, diese in die rechte Bewegung zu integrieren.[31] Faschismus und Nationalsozialismus akzeptierten demnach die «einfache Moderne», das heißt, Technologie, Industrialisierung und die Menschen, die hieran beteiligt waren. Doch im selben Moment verneinten sie die «komplexe Moderne» – also Ideen wie individuelle Freiheit und insbesondere neue Ansprüche an Gleichheit wie etwa die zwischen den Geschlechtern.[32]

An dieser Kombination lässt sich bis heute auch der Neofaschismus erkennen, so etwa der sogenannte Archeofuturismus des französischen Autors Guillaume Faye.[33] Ähnlich wie bei Sorel verbinden sich hier Versprechen von «nationaler Wiedergeburt», technischem Fortschritt und sozialer Gerechtigkeit mit Ultranationalismus und der radikalen Zurückweisung neuer Gleichheitsansprüche.[34]

Niemand weiß, ob der Incel Elliot Rodger eher Rechtslibertärer, Monarchist oder Faschist war; sein Manifest gibt darüber keinen Aufschluss. Aber seine Tat folgte letztlich dem gleichen tief empfundenen Impuls wie alle anderen Formen des Konservatismus: einem Gefühl der Verunsicherung, weil liberal-moderne Gleichheitsansprüche – in seinem Fall: die der Geschlechter – eine vermeintlich «natürliche» Ordnung infrage stellten. Durch die Incel-Ideologie konnte er dieses Gefühl rationalisieren und es in eine konkrete, über sein persönliches Empfinden hinausreichende Tat lenken. Aus Angst wurde dadurch Hass.

3. IDENTITÄT

Im Gegensatz zu Pessimismus und dem Verlangen nach «traditioneller» Ordnung erscheint Identität auf den ersten Blick wie eine positive, vorwärts gerichtete Tradition. Ist die Sehnsucht nach dem «Eigenen» nicht etwas zutiefst Konstruktives? Doch dies ist eine Täuschung, denn selbst bei Identität geht es Rechten und vor allem Rechts*extremen* in Wirklichkeit um etwas Negatives, nämlich die Zurückweisung von Universalismus und Individualismus.

Ein Beispiel dafür ließ sich am 14. April 2016 im Audimax der Wiener Universität beobachten. Dort wurde an diesem Tag das Stück *Die Schutzbefohlenen* der österreichischen Schriftstellerin und Literaturnobelpreisträgerin Elfriede Jelinek aufgeführt. Ein Großteil der Darsteller waren Flüchtlinge aus Syrien, dem Irak und Afghanistan, die im Zuge der sogenannten Flüchtlingskrise der Jahre 2015 und 2016 nach Österreich gekommen waren. Doch kaum hatte die Vorstellung begonnen, stürmten zwanzig junge Männer die Bühne, entrollten ein Plakat, auf dem das Wort «Heuchler!» zu lesen war, und verspritzten künstliches Blut. Auf Flugblättern, die sie ins Publikum warfen, hieß es: «Multikulti tötet». Die gesamte Aktion, die nur sieben Minuten lang dauerte, wurde gefilmt und als Videoclip ins Internet gestellt. Seine Botschaft: Der nationale «Widerstand» ist mutig, und er ist überall.[1]

Verantwortlich für die Aktion war die «Identitäre Bewegung», eine rechtsextreme Gruppe, die in den 2000er-Jahren in Frankreich entstand und mittlerweile im deutschsprachigen Raum am stärksten ist. Ihre Mitglieder kommen zwar häufig aus «traditionell» rechtsextremen Milieus, haben sich aber von Neonazis und Skinheads distanziert. Sie kleiden sich modern, lehnen Gewalt offiziell ab und vermarkten sich mit allen Mitteln, die eine moderne Kommunikationsgesellschaft zu bieten hat.[2] Ihr zentrales Anliegen ist – wie der Name bereits sagt – Identität. Hauptgegner ist die Einwanderung aus «kulturfremden», meist islamisch geprägten Ländern, gegen die sich die meisten öffentlichen Aktionen richten.

Genauso wichtig wie die «Verteidigung» der Identität nach außen ist den Identitären jedoch die Stärkung im Innern – also die Identität derer, die bereits «dazugehören». Auf der Webseite der Bewegung wird der «Verteidigung des Eigenen» und der «Liebe zur Heimat» genauso viel Platz eingeräumt wie «sicheren Grenzen». Das politische Projekt, das die Identitären verfolgen, ist nicht nur gegen «Fremde» gerichtet, sondern gleichermaßen gegen Linke, Liberale und «moderate» Rechte aus der eigenen Gesellschaft.

Die hinter den Identitären stehende Ideologie ist die der sogenannten Neuen Rechten, einer intellektuellen Strömung, die während der späten 1960er in Frankreich entstand und im 1943 geborenen Publizisten Alain de Benoist einen der wichtigsten Vordenker hat. Als Pariser Studenten beobachteten Benoist und seine Mitstreiter die Studentenrevolte der 68er. Mit den politischen Ideen der Linken konnten sie nicht viel anfangen, aber deren Fähigkeit, Hunderttausende von Menschen auf die Straße zu bringen und wochenlang den öffentlichen Diskurs zu bestimmen, faszinierte sie. Warum gelang der Rechten nicht Ähnliches? Ihre Schlussfolgerung war, dass «Rechte» – womit sie Rechtsextreme meinten – den Anschluss an die Zeit verpasst hatten. Statt weiterhin vom Faschismus zu fabulieren, in Fantasieuniformen durch Dörfer zu marschieren und sich mit der Polizei zu prügeln, sollten sie mit der Zeit gehen. Für die Praxis bedeutete das: Rechtsextreme mussten attraktiver auftreten, eine Sprache sprechen, die dem liberalen Zeitgeist entsprach, und vor allem überall dort präsent sein, wo Themen und Meinungen gemacht wurden. Der Begriff, den sie dafür verwendeten, war «Metapolitik» – andere sprachen von einer «rechten Kulturrevolution».[3]

Ein weiterer Aspekt der angestrebten Modernisierung war inhaltlicher Art. Dabei ging es nicht darum, rechtsextreme Ideen grundsätzlich zu verändern, sondern darum, sie anders zu «framen». Benoist hatte verstanden, dass nach der Katastrophe des Zweiten Weltkriegs Vorstellungen von «Rasse» und Nationalismus diskreditiert waren und es schwierig sein würde, sie wiederzubeleben. Gleichzeitig erkannte er, dass es nach wie vor ein Bedürfnis nach Gemeinsamkeit und Identifikation gab, das über soziale und ökonomische Interessen hinausging – ganz besonders im Zuge der steigenden Arbeitseinwanderung aus Nordafrika, Südasien oder der Türkei. «Identität» war hierauf die Antwort. Der Begriff klang modern und positiv; vor allem aber erlaubte er es Rechtsextremen, Ängste über kulturell fremd scheinende «Neuankömmlinge» zu artikulieren, ohne gleich als Nazis abgestempelt zu werden.

Ein weiterer Vorteil war, dass der Identitätsbegriff den Bezugsrahmen bewusst offenließ. In einer sich globalisierenden Welt, in der Menschen mehr mit anderen Ländern zu tun hatten und Loyalitäten flexibler wurden, schien es sinnvoll, die Vorstellung von Identität nicht allzu sehr zu verengen. Natürlich stand für die meisten die Nation – und nationale Identität – nach wie vor im Vordergrund, aber Benoist und seine Mitstreiter brachten immer wieder auch andere Quellen von Identität ins Spiel – so zum Beispiel eine «identitäre» Version von Europa, das «westliche Abendland», die «europäische

Zivilisation» oder gar regionale Identitäten.[4] Sie eröffneten den Rechtsextremen damit völlig neue Themen und Diskurse, ohne gleichzeitig «alte Kameraden», die immer noch in Kategorien wie «Rasse» und Nation dachten, vor den Kopf zu stoßen.

Der rechte Diskurs über Identität hat, wie sich im Folgenden zeigen wird, eine lange Geschichte. Im Gegensatz zum (eher liberal konnotierten) Individualismus und zum (stärker links orientierten) Universalismus betonen rechte Ideen das «Wir» und unterscheiden stark zwischen dem «Eigenen» und dem «Fremden». Wie sich das «Eigene» und das «Fremde» definieren, bleibt jedoch unklar – ein Problem, das auch Benoists clevere Formulierungen nicht beseitigen konnten.

Das Eigene und das Fremde

Die historisch wichtigste Form von Identität – die nationale – war niemals nur eine rechte Idee. Zu Beginn des 19. Jahrhunderts waren es vor allem Revolutionäre und Anti-Monarchisten, die unter dem Banner der Nation die Bevölkerung für sich zu mobilisieren versuchten. Und auch heutzutage gibt es linke oder liberale Rechtfertigungen für den Nationalstaat. Im Vordergrund steht dabei häufig die Idee einer «Solidar»- oder «Schicksalsgemeinschaft», in der Menschen, die nicht miteinander verwandt sind und sich nicht persönlich kennen, aufgrund gemeinsamer Herkunft oder Identität füreinander Opfer bringen. In Friedenszeiten sind dies vor allem finanzielle Opfer, also Steuern oder Sozialleistungen, die für gemeinsame Projekte eingesetzt werden oder hilfsbedürftigen Mitbürgern zugutekommen. In Zeiten des Konflikts ist es die Verteidigung der Gemeinschaft nach außen – wenn notwendig, mit dem eigenen Leben.[5]

Rechte Konzeptionen von Identität unterscheiden sich hiervon in zweierlei Hinsicht: zum einen durch die entscheidende, oftmals mythische oder gar «göttliche» Bedeutung, die ihr zugemessen wird, zum anderen durch die stärkere Begründung mit angeborenen oder schwer veränderbaren Eigenschaften, die etwa biologisch, durch Herkunft oder Kultur bedingt sind. Dieser Ansatz lässt sich bereits in den nationalromantischen und völkischen Ideen des 19. Jahrhunderts erkennen, die im vorigen Kapitel skizziert wurden. Nationale Identität setzt sich demnach aus Landschaft, Geschichte und Kultur zusammen. Sie manifestiert sich in einem «Volksgeist», der jedem Mitglied der Nation innewohnt und sich mit rationalen Begriffen allein nicht erklären oder fassen lässt.[6] So argumentierte etwa der französische Schriftsteller und Nationalist Maurice Barrès (1862–1923), dass Menschen «in der Erde und in den Toten» verwurzelt seien.[7]

Zu den zentralen Bezugspersonen für aktuelle rechtsextreme Identitätskonzeptionen zählt unter anderem der Philosoph Martin Heidegger (1889–1976). Was Rechtsextreme an Heidegger interessiert, ist – allgemein formuliert – dessen Moderne- und Technikkritik und die damit verbundene Vorstellung einer Fremdbestimmung des Einzelnen, die er mit dem Begriff «Man» beschreibt. Dem stellt Heidegger das Bewusstsein einer «entschlossenen» Existenz entgegen, die er – wie ein Brief von 1922 erklärt – in der «Heimat, im Charakter des Volksstammes, seinen Eigentümlichkeiten, in der Ursprünglichkeit ländlichen Lebens» verwurzelt sieht. Ein einfaches, dörfliches Leben sei demnach erfüllter als eines, das sich in «Boden- und Charakterlosigkeit (...) zerstreut».[8] Von der Machtergreifung der Nationalsozialisten war Heidegger deshalb zunächst begeistert, weil er in ihrem Aufstieg eine Wende hin zu einer sich selbst bewussten Gesellschaft sah.[9]

Und obwohl er sich nach einigen Jahren von ihnen abwandte, bereute er niemals seine aktive Unterstützung.[10]

Rechtsextreme erkennen in diesen Ideen Anschlussmöglichkeiten für ein «organisches» Verständnis von Identität bis hin zu einer «Blut und Boden»-Ideologie.[11] Aus Sicht von Martin Sellner, einem der zentralen Aktivisten der «Identitären», liefert Heidegger den philosophischen Beweis dafür, dass Identität nicht auf Ideen, sondern Herkunft beruht und sich niemals durch «willkürliche Entscheidungen oder bloß juristische Feststellungen» verändern lässt. Jeder Mensch, so Sellner, sei ein «wandelndes Zitat seiner Eltern».[12] Alexander Dugin behauptet sogar, dass es zwischen «Volk» und dem Heidegger'schen Begriff von «Dasein» keinen Unterschied gebe und eine sinnvolle Existenz ohne Identifikation mit der nationalen Gemeinschaft gar nicht möglich sei.[13]

Auf diese Weise begründet sich auch das neuerliche Interesse Rechtsextremer am Umweltschutz, das verschiedentlich als «Ökofaschismus» beschrieben wird.[14] Statt auf internationale Abkommen und Institutionen zu setzen, verfolgen sie einen Ansatz, der Nachhaltigkeit und Identität miteinander verknüpft und sich – ganz im Sinne von Heidegger – als Gegenentwurf zu den ultramodernen, «globalistischen» Ideen der Grünen präsentiert. Die Bewahrung der Natur ist aus dieser Perspektive zwar wichtig, aber nicht um ihrer selbst willen, sondern weil sie einen Beitrag zur Bewahrung von Identität leistet.[15]

Ähnliches gilt beim Thema Europa. Rechtsextreme sind nicht grundsätzlich gegen Europa. Das Bewusstsein einer gemeinsamen, durch Antike und Christentum geprägten Identität ist im Laufe der Auseinandersetzung mit «dem Islam» in den letzten zwanzig Jahren eher noch stärker geworden. Doch das Europa, für das sich Rechtsextreme begeistern, ist nicht das der Europäischen Union. Statt einer supranationalen Gemeinschaft, von der behauptet wird, sie wolle nationale Identitäten durch eine europäische Identität ersetzen, schwebt ihnen ein «Europa der Vaterländer» vor, das lokale, regionale und nationale Identitäten stärkt.[16] Vor allem aber ist es eines, das sich gegenüber dem «liberalen Hegemon» Amerika und «kulturfremden» Zuwanderern aus Afrika und dem Nahen Osten abgrenzt.[17]

Wie sich hier bereits andeutet, ist es also nicht nur «Liebe zum Eigenen», die das rechtsextreme Verständnis von Identität prägt. Obwohl manche Rechtsextremisten der Überzeugung sind, dass «Liebe zum Eigenen» ohne «Ablehnung des Fremden» möglich ist,[18] bedingt das eine in der (rechtsextremen) Praxis meist das andere. Dies zeigt sich exemplarisch am Werk des französischen Publizisten Guillaume Faye (1949–2019), der zur Neuen Rechten gehörte, aber streitbarer als Benoist auftrat und deswegen zweimal aus seinem Zirkel ausgeschlossen wurde. Faye begann seine intellektuelle Karriere mit antisemitischen Positionen, schwenkte aber, wie zahlreiche seiner Mitstreiter, in den 1980er- und besonders in den 1990er-Jahren auf Einwanderung und den Islam als Feindbilder um.[19] (Der jüdische Staat Israel war unter diesen Vorzeichen plötzlich kein Feind mehr, sondern Musterbeispiel für einen ethnisch begründeten Staat und «Speerspitze» im Kampf gegen den Islam.)[20] Einige von Fayes Schriften, beispielsweise sein 2001 erschienenes Buch *Wofür wir kämpfen*, gelten Identitären bis heute als «Bedienungsanleitung» für den rechten Kulturkampf.[21]

Der entscheidende Punkt für Faye ist, dass Diversität – also der Pluralismus von Identitäten – nicht, wie von Liberalen und Linken behauptet, zu gegenseitiger Befruchtung führt, sondern zu ihrem Niedergang. Wenn sich verschiedene Identitäten miteinander «vermischten», dann sei die Konsequenz ein Nivellierungsprozess, bei dem alle Beteiligten ihre charakteristischen Eigenschaften verlören und am Ende ein kultureller und ethnischer «Einheitsbrei» stünde, in dem nichts mehr unterscheidbar sei. «Was wir hier in Frankreich erleben», so Faye, «ist nicht die Vermischung von Kulturen, sondern deren Zerstörung.»[22] Die Bewahrung von Identität erfordere deshalb Segregation: Nur wenn es Menschen erlaubt sei, unter sich zu bleiben, könnten sie frei, das heißt im Sinne ihrer jeweiligen Identität, leben.[23]

Eine weitere, angeblich unvermeidbare Folge von Diversität ist nach dieser Interpretation Konflikt. Wo immer sich unterschiedliche Identitätsgruppen denselben Ort teilten, komme es laut Faye und anderen rechtsextremen Denkern über kurz oder lang zur Gewalt.[24] Weder Integration noch Assimilation seien möglich, denn alle Gruppen nähmen ihre jeweilige Identität wichtiger als alles andere; es existiere kein gegenseitiges Vertrauen; und alle fühlten sich den anderen gegenüber überlegen. Die Konsequenz seien unablässige Auseinandersetzungen, bei denen jeder den anderen zu dominieren versuche – mit dem Ergebnis, dass Länder unregierbar würden und nur mit extremer Repression befriedet werden könnten: «Ethnisches Chaos öffnet die Tür zur Tyrannei», so Faye.[25]

Auf westeuropäische Einwanderungsgesellschaften angewendet, ergab sich hieraus eine Verschwörungstheorie, wonach muslimische Einwanderer das Ziel hätten, Europa zu «erobern». Ihre «schärfste Waffe» seien dabei nicht Panzer und Maschinengewehre, sondern ihre Gebärfreudigkeit, mit deren Hilfe sie die Zusammensetzung europäischer Bevölkerungen Schritt für Schritt zu ihren Gunsten änderten, bis sie innerhalb von ein oder zwei Generationen in der Mehrheit seien und dann – dank Demokratie – das Sagen hätten. Laut Faye ist Einwanderung also eine Art «Invasion», mit der Europa «kolonisiert» werden solle: «Dieser Krieg begann bereits im achten Jahrhundert, als muslimische Invasoren zum ersten Mal nach Europa einmarschierten, und dauert seitdem in verschiedenen Formen an (...). Heute wird [er] neu entfacht, aber in einer völlig anderen Form: durch eine Invasion ‹von unten›, also durch eingewanderte Bevölkerungsgruppen.»[26]

Fayes Vorstellung von Identität hat nur noch wenig mit Heideggers Konzeption von «Heimat» zu tun, sondern ähnelt in ihrer essenzialistischen – wenn nicht sogar antagonistischen – Logik eher dem Denken des deutschen Juristen und Staatsphilosophen Carl Schmitt. Dessen zentrale Idee war, dass es beim Politischen um die Unterscheidung zwischen «Freund» und «Feind» geht – und dass der ethnisch und kulturell «Andere» früher oder später stets zum Gegner wird (siehe Kapitel 6).

Kurzum: Aus rechtsextremer Sicht lässt sich das «Eigene» nicht ohne das «Fremde» denken – vor allem aber nicht ohne die Vorstellung, dass es irgendwann zum Konflikt kommt. Ein friedliches Miteinander, gegenseitige Bereicherung oder gar Universalismus sind unter diesen Bedingungen unmöglich. Die oftmals zitierte Parallele ist der Zusammenbruch antiker Imperien, bei dem «ethnisches Chaos» eine entscheidende Rolle gespielt habe.[27] Faye prophezeite dem heutigen Europa ein ähnliches Schicksal: Ein «europäischer Bürgerkrieg» – gar eine «ethnische Apokalypse» – sei unvermeidbar, denn zu lange hätten politische Eliten die Vermischung von Kulturen hingenommen, wenn nicht sogar aktiv betrieben.[28] Genau darum ging es auch den Identitären, als sie ihr Banner mit dem Slogan «Multikulti tötet» zeigten.

Ähnlich wie bei der pessimistischen Geschichtstheorie, die von «natürlichen» Zyklen ausgeht, und dem Konservatismus, der vermeintlich «natürliche» Ordnungen bewahren will, können sich Rechte bei ihrer Skepsis gegenüber dem Universalismus auf einen «natürlichen» Instinkt stützen, nämlich die Sehnsucht nach einer gemeinschaftlichen Identität. Obwohl konstruiert und wandelbar, hatten Menschen im Lauf der Geschichte stets kollektive Identitäten, die auf Geografie, Kultur oder Abstammung beruhten und mit denen sie sich – quasi von Geburt an – als Mitglied einer bestimmten Gemeinschaft identifizierten.[29] Erst im Mittelalter entstand die Idee des Naturrechts und damit die Vorstellung, dass alle Menschen «Kinder Gottes» seien, ähnliche Rechte besäßen und einer universalen «Menschheit» angehörten. Die säkularisierte Version hiervon waren die «Menschenrechte», die sich mit der Aufklärung und den Revolutionen in den Vereinigten Staaten und Frankreich verbreiteten.[30]

Für Rechte war dies eine Herausforderung. Eine auf Nietzsches Philosophie aufbauende Tradition lehnte die Vorstellung universaler Menschenrechte ab und wollte das Christentum entweder komplett abschaffen, durch nordische Götter ersetzen oder «nationalisieren», so zum Beispiel in der «deutschen Kirche» im 19. und frühen 20. Jahrhundert oder – zuletzt – in der mächtigen Bewegung «christlicher Nationalisten» in den Vereinigten Staaten.[31]

Wenn es darum ging, worauf die vermeintlich «natürliche» Identität von Menschen stattdessen beruhen sollte, schieden sich allerdings die Geister, denn obwohl immer wieder behauptet wurde, dass Identität gegeben und unveränderbar sei, basierten auch rechte und rechtsextreme Vorstellungen von Identität in letzter Konsequenz auf menschlicher Konstruktion (siehe Abbildung).

Die populärste dieser Konstruktionen war lange Zeit der biologische Rassismus. Diesem zufolge existiert eine Hierarchie von Menschenrassen, die auf unveränderbaren biologischen Eigenschaften (also Blut oder Genen) basiert und sich an physischen oder mentalen Merkmalen erkennen lässt. Einer der Ersten, der eine komplette Theorie nach diesem Muster formulierte, war Arthur de Gobineau (1816–1882), ein französischer Aristokrat, der nach einer Erklärung für den Niedergang des Adels suchte. Der entscheidende Faktor war für Gobineau «Rasse», wovon es drei Hauptausprägungen («weiß», «gelb» und «schwarz») sowie verschiedene Untergruppen mit jeweils unterschiedlichen Charakteristiken gebe. Auch wenn Gobineau jeder «Rasse» bestimmte Qualitäten zusprach, war «Zivilisation» aus seiner Sicht nur möglich, wenn die höchste Stufe der «weißen Rasse» – die er als «arisch» bezeichnete[32] – dominant war. Die Vermischung von «Rassen» habe dazu geführt, dass die Arier (zu denen er

	Universalistisch	**Identitär**
Liberal	Liberale Moderne	Assimilationismus (Schwarzer, Stürzenberger)
Anti-liberal	«Multikulti von rechts» (Kießling)	Biologischer Rassismus, Ethnopluralismus (Gobineau, Faye)

Reaktionen auf liberal-modernen Universalismus

die französische Aristokratie zählte) «degeneriert» seien und ihren Elan verloren hätten.[33]

In der zweiten Hälfte des 19. Jahrhunderts verbanden sich Gobineaus Ideen mit modernen Einflüssen wie dem Sozialdarwinismus und der Eugenik (oder Abstammungslehre). Ins Zentrum rückten dadurch die Juden, die jetzt nicht mehr nur als «kulturfremd» betrachtet wurden, sondern auch als «minderwertig» und «schädlich».[34] Der in Deutschland einflussreichste Vertreter solcher Thesen war der englisch-deutsche Schriftsteller Houston Stewart Chamberlain (1855–1927), Schwiegersohn des Komponisten Richard Wagner. In seinem zweibändigen Werk *Die Grundlagen des neunzehnten Jahrhunderts*, das im Jahr 1899 erschien, porträtierte er die Juden als «von allen europäischen Völkern (...) verschiedenes, ihnen gewissermaßen gegensätzliches Element».[35] Juden waren demzufolge nicht nur schwach und hässlich («plumpe Schädel», «übertriebene Nasen»),[36] sondern auch charakterlos, gierig und unfähig zum verantwortungsvollen Handeln. Um die «arische Rasse» zu erhalten, musste jede Form von «Kontaminierung» mit ihnen verhindert werden. Was aus heutiger Sicht wie eine krude Verschwörungstheorie klingt, galt im Kaiserreich als hochintelligent: Chamberlains Buch verkaufte sich über hunderttausend Mal.[37]

Dass es noch andere Spielarten des biologischen Rassismus gab, zeigt ein Blick nach Amerika. Dort veröffentlichte der Jurist Madison Grant (1865–1937) im Jahr 1916 ein populäres Buch mit dem Titel *Der Untergang der großen Rasse*, in dem er Gobineaus Rassentheorie auf die Situation in den Vereinigten Staaten übertrug. Auch Madison war ein überzeugter Eugeniker, der an die «Reinheit von Rassen» glaubte und dafür sorgen wollte, dass sich die herrschende Klasse nicht mit anderen, vermeintlich «minderwertigen Rassen» vermischte. Seine größte Sorge galt jedoch nicht Juden oder

Schwarzen, sondern Einwanderern aus Südeuropa, die ihm nicht «nordisch» genug waren.[38]

Während sich die Vorurteile gegenüber anderen «Weißen» im Laufe der Zeit relativierten, ist besonders der Rassismus gegenüber «Schwarzen» bis heute ein großes Thema. Und obwohl Dutzende von Studien mittlerweile gezeigt haben, dass es für die Idee von Menschenrassen keine wissenschaftliche Grundlage gibt (weil genetische Unterschiede innerhalb solcher Gruppen weit größer sind als zwischen ihnen), argumentieren viele Rechtsextreme noch immer, dass Menschen mit dunklerer Haut weniger intelligent, arbeitsam und friedlich seien als Weiße.[39]

Eine hiermit verwandte Konzeption von Identität ist nicht biologisch, sondern ethnisch fundiert. Dies war die Antwort der Neuen Rechten auf die Diskreditierung des biologischen Rassismus und die neue Realität westlicher Einwanderungsgesellschaften, in denen Gastarbeiter und Asylbewerber aus kulturell «fremden» Teilen der Welt nach Europa kamen. Ziel war nach wie vor eine «homogene» Gesellschaft, auch wenn diese weniger offen rassistisch begründet wurde. Statt «Ausländer raus» hieß es jetzt, dass «Kulturfremde» in ihre Herkunftsländer «re-migrieren» sollten. Auch mit offenen Überlegenheitsansprüchen hielt man sich zurück: Unterschiedliche «Ethnien» waren nicht besser oder schlechter, sondern lediglich «anders». Besonders ab den 1990ern setzte sich Alain de Benoist deshalb für die Rechte von Entwicklungsländern und sogar indigenen Völkern ein und begab sich damit auf klassisch linkes Terrain.[40] Aus seiner Sicht hatten solche Völker, genauso wie Europäer, das Recht, sich ihre Einzigartigkeit zu bewahren. Der Begriff, den er dafür verwendete, war nicht Segregation, sondern «Ethnopluralismus».[41]

Doch trotz neuer Begriffe und intensiver Debatten[42] war alles andere als klar, was «Ethnie» bedeuten sollte. Es konnte nicht der biologische Rassismus der Nazis sein, für den es nach dem Holocaust keine Unterstützung gab. Genauso wenig jedoch wollten die Neurechten eine völlig offene Gesellschaft, in die sich jeder – egal welcher Herkunft – integrieren oder assimilieren konnte. Ethnie war aus ihrer Sicht unzertrennlich mit der Herkunft einer Person verbunden und definierte sich eben nicht nur über Sprache, Kultur, Ideen oder Wertvorstellungen. Laut Martin Sellner war ein Mensch Produkt «endloser Ahnenketten», die seine Persönlichkeit, aber auch «jede Stärke und Schwäche» seines Körpers reflektierten.[43] Wenn auch weniger explizit als aus Perspektive des biologischen Rassismus, so ging es deshalb in letzter Konsequenz immer noch um physische Ähnlichkeit: Wer «schwarz», «braun» oder «orientalisch» war, konnte niemals Europäer sein. «Rasse», so machte Faye klar, «ist der biologische Ausdruck von Ethnizität.»[44]

Dies hatte entscheidende Konsequenzen für die Bewertung moderner Demokratie. Wie Kapitel 5 zeigt, waren Rechtsextreme schon immer skeptisch gegenüber politischen Systemen, die auf Wahlen und Mehrheiten beruhen, speziell gegenüber dem Parlamentarismus. Mit der zunehmenden «Vermischung» ethnischer Bevölkerungsgruppen, wie sie in liberal-modernen Staaten stattfindet, kam ein weiterer Grund hinzu. Dadurch, dass immer mehr Menschen nichteuropäischer Herkunft zu Staatsbürgern wurden, entstand aus neurechter Perspektive ein «Wahlvolk», das mit dem «ethnischen Volk» immer weniger zu tun hatte. Eine Mehrheit im Parlament oder bei einer Volksabstimmung sei deshalb nicht mehr gleichbedeutend mit dem «Willen des Volkes». Und je mehr der Anteil von Wählern nichteuropäischer Herkunft ansteige, desto illegitimer werde dadurch das gesamte System. Bei Wahlen in Großstädten wie Berlin oder Wien, wo der Anteil von Wählern nichteuropäischer Herkunft relativ hoch ist, spricht Sellner bereits verächtlich von «ethnischer Wahl».[45]

Eine zweite Konzeption – die assimilationistische – unterscheidet sich hiervon ganz fundamental. Auf den ersten Blick ist dieser Ansatz überhaupt nicht rassistisch, denn es geht ihm nicht um die Zurückweisung von Universalismus und liberalen Werten, sondern scheinbar um deren konsequente Durchsetzung. Ob jemand Teil der politischen Gemeinschaft sein kann, hängt demnach nicht von Aussehen oder Abstammung ab, sondern ausschließlich von der Bereitschaft, «mitgebrachte» Normen komplett abzulegen und sich zu hundert Prozent dem westlich-liberalen Wertegerüst anzupassen. Das Befolgen von Gesetzen oder Sprechen einer Sprache reichen dabei nicht aus: Um in der Gemeinschaft akzeptiert zu werden, muss sich eine Person nahezu vollständig vom eigenen Kulturkreis lösen.

Am deutlichsten wird diese Position an der sogenannten Anti-Islam-Bewegung, die in den Jahren nach den terroristischen Anschlägen vom 11. September 2001 sowie im Kontext stärkerer Einwanderung aus mehrheitlich muslimisch geprägten Ländern an Zulauf gewann.[46] Eine der populärsten Stimmen für Unterstützer dieser Bewegung ist die Frauenrechtlerin Alice Schwarzer. Aus ihrer Sicht sind Zuwanderer aus muslimischen Gesellschaften ein Problem – aber nicht aufgrund ihrer Abstammung, sondern wegen ihrer kulturellen Prägung. Nach Schwarzers Auffassung ist die islamische Kultur, die muslimische Einwanderer mit sich bringen, durchdrungen von Vorstellungen, die mit dem westlichen Wertesystem nicht kompatibel sind. Dazu gehören neben Antisemitismus und der Feindschaft gegenüber ethnischen, religiösen oder sexuellen Minderheiten auch – und vor allem – patriarchalische Einstellungen, die der Gleichheit der Geschlechter zuwiderlaufen würden.[47]

Obwohl Schwarzer vorgibt, zwischen dem Islam und der Ideologie des «Islamismus» zu unterscheiden,[48] wird an vielen ihrer Beiträge deutlich, dass sie muslimische Einwanderer insgesamt als Bedrohung empfindet und von ihnen verlangt, sämtliche Vorstellungen, die als konservativ oder religiös gelten könnten, bei ihrer Ankunft in Europa abzulegen. Die jungen nordafrikanischen Männer, die zu Silvester des Jahres 2016 Frauen an der Kölner Domplatte sexuell belästigten, handelten ihrer Ansicht nach «islamistisch».[49] Und das Kopftuch, das manche muslimische Frauen tragen, ist für sie «das Symbol, die Fahne des Feldzuges der Gotteskrieger».[50] Jegliches Verständnis für Muslime, die sich entgegen ihrer Vorstellung von westlichen Werten verhalten, ist für Schwarzer eine Form von «falscher Toleranz».[51]

Auch wenn Assimilationisten weniger deterministisch argumentieren als Vertreter eines biologischen (oder ethnischen) Rassismus und den Liberalismus gutheißen, wenn nicht sogar verabsolutieren, sind ihre Positionen deshalb nicht notwendigerweise liberal. In der Beurteilung kommt es darauf an, wie weit über das Befolgen von Regeln und Gesetzen hinaus die «Pflicht zur Integration» gelten soll. Zum Extremismus werden solche Positionen dann, wenn sie von Zuwanderern ein *vollständiges* Kappen aller kulturellen und religiösen Wurzeln, also das Verneinen der eigenen Identität verlangen. Die dabei zum Vorschein kommende essenzialistische Vorstellung von der Weltreligion Islam ist – trotz unterschiedlicher Begründung – der von Rechtsextremisten sehr ähnlich. So formulieren «Islamkritiker» wie etwa Michael Stürzenberger im Namen liberaler Werte zutiefst illiberale Forderungen, so zum Beispiel die Schließung von Moscheen oder ein Verbot des Korans.[52] Der Politikwissenschaftler Lars Erik Berntzen spricht deshalb vom «Rechtsextremismus mit liberalen Wurzeln»;[53] der Historiker Wolfgang Benz nennt es «Kulturrassismus».[54]

Ähnlich weit entfernt vom biologischen Rassismus, wenn auch völlig anders, sind die Identitätsvorstellungen einer dritten Denkrichtung, die man als «Multikulti von rechts» bezeichnen könnte. Ihr wichtigster – und bislang einziger – Vertreter ist der bereits erwähnte Historiker Simon Kießling, dessen 2022 erschienenes Buch *Das neue Volk* eine vernichtende Kritik am traditionellen Denken der Rechten übt. Kießlings Vorwurf an seine Mitstreiter ist, dass sie zu sehr in der «Misere des Konservierens» gefangen seien und deshalb den Vormarsch der liberalen Moderne bestenfalls bremsen, aber niemals umkehren könnten. «Solange die Konservativen/Rechten keine positive Zukunftsvision, keine eigene neue Idee entwickeln», meint Kießling, «werden sie politisch marginalisiert bleiben und ohnmächtig zusehen müssen, wie die Linken wieder und wieder gewinnen.»[55]

Dies gelte laut Kießling auch – und besonders – für rechte Vorstellungen zum Thema Volk und Identität. Die Idee, dass sich die Einwanderung von Millionen «kulturfremder» Menschen, die in den vergangenen Jahrzehnten stattgefunden habe, einfach so rückgängig machen lasse, ist aus seiner Sicht völlig weltfremd. Der «Kipppunkt» hin zu einer multikulturellen Gesellschaft sei längst überschritten und der Kampf um die Wiederherstellung einer ethnisch homogenen Gesellschaft unwiderruflich verloren.[56] Statt an der Idee einer ethnischen Volksgemeinschaft festzuhalten, schlägt Kießling die Gründung eines «neuen Volkes» vor. Dieses würde nicht mehr nur aus autochthonen Europäern bestehen, sondern wäre für «Menschen unterschiedlicher ethno-kultureller Herkunft» offen.[57] Einwanderer würden nicht mehr «pauschal als feindlich [markiert]», und sogar Muslime wären willkommen.[58] Entscheidend, so Kießling, seien nicht Herkunft, Religion oder Vergangenheit einer Person, sondern ihre Bereitschaft, europäische oder «abendländische» Werte für die

Zukunft zu erhalten.[59] Das Ziel ist deshalb nicht «Multikulti» im liberalen Sinne, sondern eine Gesellschaft, die sich explizit über konservative Werte wie «Heimatliebe, Elternschaft, Opferbereitschaft, Ehrung der Vorfahren, Autorität und Hierarchie» definiert.[60]

Dass jemand wie Kießling, der als «traditioneller Rechter» gilt und in seinen Büchern gerne Spengler und Evola zitiert,[61] ein Staatsmodell entwirft, das das Ziel ethnischer Homogenität völlig aufgibt, war für viele seiner Gesinnungsgenossen ein Tabubruch. So schrieb Martin Sellner bereits wenige Wochen nach Veröffentlichung des Buchs eine Kritik, die Kießlings zentrale Annahme infrage stellt, wonach es für den Erhalt der «ethnischen Substanz» von Völkern bereits zu spät sei. Ungarn, Japan und sogar Israel würden vormachen, wie dies auch in modernen Gesellschaften gelingen könne, entgegnete Sellner.[62] Auf Twitter legte er wenig später nach: «Die Bruchlinie bleibt ethnokulturell. Eine ‹gruppentranszendente› Koalition anhand abstrakter Ideen (...) muss scheitern.»[63]

Die Kontroverse ist ein seltenes Beispiel echter Debatte in einem Milieu, das an intellektuellen Auseinandersetzungen ansonsten relativ arm ist. Dass Kießlings Thesen so starken Widerspruch auslösten, beweist zum einen, dass das Thema Identität nach wie vor im Mittelpunkt rechtsextremen Denkens steht und dass sich Rechtsextremisten immer noch an der Idee des Universalismus «abarbeiten», von der geglaubt wird, dass sie «organische» Identitäten zerstöre. Zum anderen illustriert sie, wie sehr sich Rechte in der Defensive wähnen. Selbst raffinierte Begriffsschöpfungen wie «Identität» oder «Ethnopluralismus» können nicht darüber hinwegtäuschen, dass es unter Rechtsextremisten keine klare Vorstellung davon gibt, was kulturelle, ethnische oder gar rassische «Homogenität» in modernen, von Einwanderung geprägten Gesellschaften bedeuten soll und – mehr noch – wie sie hergestellt werden kann. Kießling legt den Finger deshalb in eine offene Wunde, wenn er darauf hinweist, dass Rechtsextreme keine «positive Zukunftsvision» anzubieten hätten. Und in der Tat: Wie sich im folgenden Teil dieses Buches zeigen wird, beruhen Denk- und Handlungslogiken, die aus dieser Geisteshaltung erwachsen, in aller Regel nicht auf Zuversicht, sondern vor allem auf Angst.

TEIL ZWEI

LOGIKEN

4. ANGST

Während sich der erste Teil des Buches vor allem mit den intellektuellen Wurzeln und Kernbestandteilen rechten Denkens befasst hat, geht es in diesem Teil um die Frage, was aus ihnen erwächst. Im Vordergrund stehen dabei Denklogiken und die Handlungsstrategien, die sich mit ihnen begründen. Angst spielt in diesem Zusammenhang eine entscheidende Rolle. Sie repräsentiert den emotionalen Kitt, der Radikalisierer und Radikalisierte miteinander verbindet; und sie ist die Grundlage praktisch aller Handlungsnarrative, denen Rechtsextreme im Laufe der Jahre gefolgt sind.

Dies zeigte sich auf besonders dramatische Weise am 15. März 2019. Um wenige Minuten nach 13 Uhr griff an diesem Tag der Australier Brenton Tarrant mehrere Moscheen im neuseeländischen Christchurch an. Genau zur Zeit des Freitagsgebets, als man dort mit vielen Menschen rechnen konnte, tauchte der Achtundzwanzigjährige vor zwei Gotteshäusern auf und schoss wahllos auf Männer, die aus den Gebäuden kamen. Den Angriff auf die erste Moschee streamte er live auf Facebook, sodass ihn seine «Fans» und Unterstützer überall auf der Welt sehen konnten. Beim Angriff auf sein zweites Ziel war die Polizei bereits hinter ihm her. Hätten ihn zwei Beamte mit ihrem Streifenwagen nicht gestoppt, wäre er zu einer dritten Moschee weitergefahren und hätte auch dort unschuldige Menschen umgebracht. Die Bilanz seines Amoklaufs: 51 Tote, 40 zum Teil schwer Verletzte – der schlimmste Terroranschlag in der Geschichte Neuseelands.

Tarrants Motiv ließ sich relativ einfach feststellen, denn

genauso wie fast alle Rechtsterroristen seit dem Norweger Anders Breivik hatte auch er ein «Manifest» geschrieben. Der Titel des knapp hundertseitigen Dokuments lautet *The Great Replacement* («Der Große Austausch»), und wie bei Breivik ist das wichtigste Thema darin die Angst vor dem Rückgang ethnisch «europäischer» – also weißer – Bevölkerungen und deren angeblichem «Austausch» mit Immigranten aus «kulturfremden», meist islamisch geprägten Gesellschaften. Laut Tarrant sei dieser Prozess nichts Geringeres als eine «Invasion», die innerhalb weniger Jahrzehnte zur Auslöschung «europäischer» Gesellschaften führe.

Mit dem Anschlag wollte er die angeblichen «Eroberer» für ihre Präsenz im Westen bestrafen, weitere Einwanderer vom Kommen abschrecken und eine Art Konterrevolution auslösen, mit der sich die verbliebenen «Europäer» zur Wehr setzen sollten. Tarrant hatte keinen Zweifel: Die Existenz der «europäischen» Zivilisation ist bedroht, ein «Genozid» an weißen «Europäern» befindet sich in vollem Gange, und die Zeit, um ihn abzuwenden, läuft aus.[1]

Nichts an der von Tarrant erwähnten Theorie des «großen Austauschs» war neu. Sie repräsentiert ein von Rechtsextremen seit über hundert Jahren artikuliertes «Master-Narrativ», das rechte Befindlichkeiten miteinander verknüpft und hieraus eine «dramatische» Geschichte konstruiert. Ihr erstes und wichtigstes Element ist – wie bereits erwähnt – Angst. Es formuliert eine Bedrohung, die nicht partiell oder temporär, sondern im wahrsten Sinne des Wortes existenziell ist. Wenn sich aktuelle Entwicklungen fortsetzen, so heißt es, dann wird von der «eigenen» Kultur und Lebensweise bald nichts mehr übrig sein. Alles steht auf dem Spiel. Es geht – mit den Worten Tarrants – um nichts weniger als «das Überleben unserer Völker».[2]

Doch damit nicht genug. Die Bedrohung wird zweitens als

außerordentlich dringlich dargestellt. Narrative wie das von Tarrant präsentieren demografische Veränderungen als linearen Prozess, der sich mit jeder Generation beschleunigt. Grund dafür sei nicht allein die Zahl der Zuwanderer, sondern auch die niedrigere Geburtenrate der Einheimischen, sodass der Anteil der «Fremden» mit jeder Generation exponentiell ansteige. «Es geht um die Geburtenrate», meinte Tarrant: «Jeden Tag werden wir weniger, älter und schwächer (...). Wir bringen uns quasi selbst um.»[3]

Und drittens: Schuld an der fatalen Entwicklung seien nicht nur die «Fremden», sondern auch – und vor allem – die eigenen Eliten, die kein Interesse an der Bewahrung des «Eigenen» hätten oder seine Zerstörung aktiv vorantrieben. Im Zentrum der Kritik stehen dabei meist «Globalisten»,[4] denen es lediglich um Profitmaximierung gehe, und linke «Kulturmarxisten», die ihre eigene Identität hassten und sie durch massenhafte Einwanderung vernichten wollten. (In einigen Versionen sind beide Kategorien von «Strippenziehern» – also «Bonzen» und «Intellektuelle» – durch Juden repräsentiert.)

Dem «großen Austausch» und ähnlichen Erzählungen liegt also eine Art «Universallogik» zugrunde, die Ängste bündelt und sofortiges Handeln gegen bestimmte Gruppen zwingend macht. Das Problem an dieser Logik ist nicht allein, dass es sich um eine Verschwörungstheorie handelt oder dass es um «diffuse» oder «irrationale demografische Ängste» geht.[5] Das Problem ist vor allem, dass sie auf einer essenzialistischen Vorstellung von Identität beruht, der zufolge ethnische oder kulturelle Identität unveränderbar ist und das Verhalten ihrer Angehörigen zu jedem Zeitpunkt diktiert. Dies führt zu der Schlussfolgerung, dass es sich beim demografischen Wandel um ein Nullsummenspiel handelt; dass Multikulturalismus zwangsläufig zu Konflikt führt; und dass eine Zunahme «fremder» Gruppen stets zur existenziellen Bedrohung wird, gegen die praktisch jede Maßnahme gerechtfertigt ist.

In diesem Kapitel wird gezeigt, wie rechtsextreme Denker auf beiden Seiten des Atlantiks diese Logik im Laufe der letzten hundert Jahre immer wieder dem jeweiligen historischen und politischen Kontext angepasst haben.[6] Damals wie heute ging es dabei um «europäische» Frauen, die zu wenig Kinder haben; um Einwanderer oder «Andersrassige», die sich vermehren «wie Heuschrecken»; und – nicht zuletzt – um «liberale Eliten», die die Zerstörung der eigenen Identität angeblich bewusst vorantreiben und damit zu «Verrätern» am Eigenen werden.

Amerikanische Rassenkriege

Die frühesten Beispiele für die Vorstellung eines «großen Austauschs» kommen aus den Vereinigten Staaten. Dort führte der Bürgerkrieg in den 1860er-Jahren zwar zu einem Ende der Sklaverei, doch bis in die 1960er-Jahre herrschte ein System der «Rassentrennung», das die Benachteiligung Schwarzer im gesellschaftlichen Leben institutionalisierte. Der amerikanische Diskurs war deshalb stets mehr auf Vorstellungen (biologischer) «Rassen» – und besonders die Rolle der schwarzen Minderheit – fixiert als der europäische. Doch trotz der unterschiedlichen Kontexte ähneln sich die Theorien rechtsextremer Denker in den USA und Europa: Hier wie dort geht es um eine wachsende Bedrohung, die Gefahr von «Kontamination» und «Vermischung» sowie die Unvermeidbarkeit von Konflikt – im amerikanischen Zusammenhang: ein «Rassenkrieg».

Eine erste umfassende Theorie des «großen Austauschs»

stammt von dem Historiker Lothrop Stoddard (1883–1950). Stoddard machte kein Geheimnis aus seinen rassistischen Ansichten, war Mitglied des Ku-Klux-Klans und ein prominenter Unterstützer von Eugenik und «Rassenhygiene». Sein einflussreichstes Werk, *The Rising Tide of Color: The Threat Against White World-Supremacy* («Die steigende farbige Flut – Bedrohung der weißen Weltherrschaft»), erschien im Jahr 1920. Anders als der bereits erwähnte Madison Grant konzentrierte sich Stoddard auf die weltweite Entwicklung. Bereits im Jahr 1900, so sein Argument, hätte die «weiße Rasse» den Höhepunkt ihrer Weltvorherrschaft überschritten und befinde sich seitdem auf dem absteigenden Ast. Der Erste Weltkrieg, die bolschewistische Revolution in Russland und – nicht zuletzt – die sinkenden Geburtenraten Weißer in Europa und den Vereinigten Staaten seien allesamt Akte der (weißen) Selbstzerstörung, die es der eigenen «Rasse» immer schwerer machen würden, sich gegen die zunehmend selbstbewussten «gelben», «braunen», «schwarzen» und «roten» (gemischten) «Rassen» durchzusetzen.[7]

Laut Stoddard stehe die «weiße Rasse» an einem Scheideweg, und ob es ihr gelinge, den fatalen Trend umzukehren, hänge vor allem davon ab, ob sie ihre innere Einheit und Stärke wiederfinde. Für Amerika bedeutete dies zweierlei: Erstens müsse es darum gehen, den schrittweisen «Austausch der Rassen» (*racial displacement*) durch Zuwanderung zu verringern und ihre Vermischung zu verhindern; zweitens sollte Amerika den «Bolschewismus», der sich angeblich in den «schwarzen Gürteln» des Landes ausgebreitet hatte und «Rassengleichheit» forderte, mit allen Mitteln bekämpfen. Die Feinde des «Eigenen» waren also klar: Es ging um Einwanderer und «Andersrassige», aber eben auch um Linke und Liberale, die die «Rassentrennung» im Namen von Freiheit, Gleichheit und Menschenrechten abschaffen wollten.[8]

The Rising Tide of Color entfaltete eine außergewöhnliche Wirkung. In Amerika wurde das Buch zum Bestseller, selbst der damalige Präsident, Warren G. Harding, gehörte zu seinen Lesern. Bei einer Großveranstaltung im Jahr 1921 zitierte er Stoddards zentrale These und begründete damit seine Ablehnung der «Rassengleichheit»: «Unser Rassenproblem hier in den Vereinigten Staaten», so Harding, «ist nur ein Teil des Rassenproblems, mit dem die ganze Welt konfrontiert ist.»[9]

Auch in Deutschland stießen solche Thesen auf Interesse. Nach der Machtergreifung Hitlers berichtete Stoddard vier Monate lang als Journalist aus Deutschland und wurde von den Nationalsozialisten hofiert. Im Gegensatz zu den meisten ausländischen Journalisten bekam er Interviews mit verschiedenen Nazi-Größen und traf sogar Hitler. Zu seinen größten Bewunderern zählte der Nazi-Ideologe Alfred Rosenberg, der sich von ihm den Begriff des «Untermenschen» abschaute.[10]

Bereits zu Stoddards Zeit existierte der Ausdruck «weißer Genozid» (*white genocide*), doch erst der Rechtsterrorist David Lane (1938–2007) gab ihm mit seinem Mitte der 1990er-Jahre veröffentlichten *White Genocide Manifesto* eine konkrete Bedeutung. Lane war eine der schillerndsten und einflussreichsten Personen im amerikanischen Rechtsextremismus. Bereits in frühen Jahren radikalisiert, verlor er seinen ersten (und einzigen) Job als Immobilienmakler, weil er Schwarzen keine Häuser in weißen Wohngebieten verkaufen wollte. Zusammen mit Gleichgesinnten gründete er daraufhin die Terrorgruppe *The Order*, die insgesamt vier Menschen, darunter einen jüdischen Radiomoderator, ermordete und sich mit Banküberfällen und Geldfälschung finanzierte. Nachdem er zu mehreren Jahrzehnten Haft verurteilt worden war, widmete er sich dem Schreiben, beschäftigte sich mit heidnischer Religion und entwickelte für seine Bewegung eine Art revolutionäre Doktrin. Seine berühmt-berüchtigten «14 Worte» («Wir müssen die Existenz unseres Volkes und die Zukunft für die weißen Kinder sichern») gelten mittlerweile als «Glaubensbekenntnis» für Rassisten auf der ganzen Welt.[11]

Das *White Genocide Manifesto* formuliert die Idee vom «weißen Genozid» als antisemitische Verschwörungstheorie. Nach Meinung Lanes hätten «die Juden» das Ziel, die «weiße Rasse» auszulöschen, und setzten dafür alle verfügbaren Mittel ein. Neben der gezielten, massenhaften Einwanderung gehörten hierzu die aktive Förderung von «gemischtrassigen» Beziehungen, Homosexualität, Abtreibung und Geburtenkontrolle sowie die Bevorzugung von ethnischen Minderheiten bei Jobs und Beförderungen, sodass sich weiße Frauen häufiger für «andersrassige» Partner entschieden. Mit anderen Worten: Praktisch alles, was in liberal-modernen Gesellschaften vor sich ging, war nach Ansicht von Lane Teil einer jüdischen Verschwörung gegen die «weiße Rasse».

Die vermeintlichen Konsequenzen beschrieb er wenige Jahre später in seinem Roman *KD Rebel*, der 2001 erschien und ein im frühen 21. Jahrhundert spielendes Szenario entwirft, in dem die USA von Immigranten «überflutet» werden. Als die Regierung in dieser Situation auch noch ein Gesetz verabschiedet, mit dem «gemischtrassige» Partnerschaften gefördert werden sollen, haben die Weißen genug. Innerhalb kurzer Zeit bildet sich ein Aufstand, der die Schaffung einer neuen, «rassisch reinen» Nation vorantreibt. Diese heißt *Kinsland*, und ihre Soldaten nennen sich *Kinsland Defenders* – kurz KD. Ihr Kampf wird nach Lanes Erzählung zu einer Art Blaupause für die Zukunft der «weißen Rasse». Die Botschaft lautet: Die Bedrohung ist ernst, aber noch besteht Zeit, um das Blatt zugunsten der Weißen zu wenden.

Eine ähnliche Botschaft hatten auch die *Turner Diaries*, ein dystopischer Roman und das wohl meistgelesene Buch in der Geschichte des amerikanischen Rechtsextremismus. Sein Autor war William Pierce (1933–2002), ein promovierter Physiker, der eine vielversprechende Karriere in der Wissenschaft aufgab, um sein Leben der rechtsextremen Sache zu widmen. In den 1960er-Jahren unterstützte er die American Nazi Party, doch nachdem ihr Anführer gestorben war, gründete er in den frühen 1970er-Jahren seine eigene Gruppe, die National Alliance, die im Laufe der Zeit zur größten rechtsextremen Organisation in den Vereinigten Staaten wurde. Die *Turner Diaries* verfasste Pierce unter dem Pseudonym Andrew Macdonald und veröffentlichte sie zunächst als Fortsetzungsroman. Im Jahr 1978 erschienen sie dann als Buch und wurden mit mehr als 500 000 verkauften Exemplaren zum «Untergrund-Bestseller».[12]

Die *Turner Diaries* präsentieren keine Theorie des Austauschs, sondern gehen davon aus, dass der «weiße Genozid» bereits in vollem Gange ist. Ihre Bedeutung liegt darin, dass sie aufzeigen, worauf dieser Prozess angeblich hinausläuft, nämlich auf eine Form von Bürgerkrieg. Dieser bricht in Pierces Roman aus, als die amerikanische Regierung nach vielen Jahren der Unterdrückung und Marginalisierung Weißer auch noch deren Waffen konfiszieren will. Der Elektriker Earl Turner, um dessen Erlebnisse sich das Buch dreht, schließt sich daraufhin einer Terrorgruppe an, die mit spektakulären Aktionen gegen die Regierung ankämpft und Schritt für Schritt große Teile des Landes «zurückerobert». Nachdem nahezu der gesamte Westen der Vereinigten Staaten «befreit» wurde, rufen die Revolutionäre einen «Tag des Stricks» aus, an dem weiße «Kollaborateure» sowie Juden, Schwarze und Angehörige anderer Minderheiten öffentlich gehängt werden. Turner opfert sich am Ende selbst, indem er das Pentagon mit einer Atomwaffe in die Luft jagt und dadurch zum «Märtyrer» wird.[13]

Trotz ihres zerstörerischen Szenarios galten die *Turner Diaries* vielen Rechtsextremisten als Inspiration. Der Roman zeigte, dass ein blutiger Bürgerkrieg zwar unvermeidbar war, aber eben auch, dass ein «weißer Genozid» abgewendet werden konnte und selbst eine relativ kleine Anzahl von «Patrioten» ausreichte, um eine Kette von Ereignissen in Gang zu setzen, an deren Ende die «Wiedergeburt» der «weißen Rasse» stand. Besonders in den 1990er-Jahren kam es zu zahlreichen Anschlägen auf Juden, Schwarze, Homosexuelle und amerikanische Regierungseinrichtungen, die von den *Turner Diaries* angeregt waren.[14] Und sogar in Deutschland wurde das Buch zum Begriff: Wie sich später herausstellte, besaßen auch die Terroristen des Nationalsozialistischen Untergrunds (NSU) ein Exemplar.

Europäische Austauschtheorien

Natürlich hatte auch Europa Erfahrung mit der Sklaverei, und selbstverständlich gab es unter europäischen Rechtsextremen ebenfalls eine lange Tradition des biologischen Rassismus, die in den 1970er- und 1980er-Jahren durch die Skinhead-Bewegung wiederbelebt wurde.[15] Doch stärker noch als in Amerika stand in Europa von Anfang an das Thema Einwanderung im Vordergrund, und statt auf biologische «Rasse» richtete sich die Aufmerksamkeit vor allem auf Kultur.

Eines der ersten – und bis heute radikalsten – Szenarien des «großen Austauschs» stammt von dem französischen Schriftsteller Jean Raspail (1925–2020). Im Gegensatz zu Pierce und Lane gehörte Raspail zum kulturellen Establishment, wurde mehrfach für sein Werk ausgezeichnet und veröffentlichte Artikel in bekannten Zeitungen wie *Le Figaro*. In jüngeren Jahren reiste er um die ganze Welt, schrieb über fremde Kulturen und erwarb sich einen Ruf als Abenteurer. Dies half ihm beim Schreiben seines Romans *Le Camp des Saints* (*Das Heerlager der Heiligen*), der 1973 im Französischen erschien und seitdem in ein Dutzend anderer Sprachen übersetzt wurde.[16]

Im *Heerlager der Heiligen* geht es darum, wie sich eine Million Inder mithilfe ausrangierter europäischer Boote auf den Weg nach Europa machen. Während sich der Konvoi langsam, aber sicher auf die Mittelmeerküste Frankreichs zubewegt, setzt in Frankreich eine Debatte darüber ein, wie das Land mit den Flüchtlingen umgehen soll. Die Pariser Medien berichten ausschließlich positiv über sie: Viele Journalisten sehen in ihnen die Chance, Wiedergutmachung für Frankreichs koloniale «Sünden» zu leisten. Doch große Teile der Bevölkerung reagieren ablehnend. Bereits Wochen vor der prognostizierten Ankunft kommt es zu einem Massenexodus aus dem Süden des Landes. Der französische Präsident, der die Flüchtlinge eigentlich zurückweisen wollte, verliert unter dem Druck des liberalen Establishments die Nerven und stellt es Mitgliedern der Armee frei, «ihrem Gewissen zu folgen». Bis auf 19 Soldaten, die sich in einem Dorf verschanzen, fliehen alle in den vermeintlich sicheren Norden. Doch gegen eine Million Menschen können auch die «Tapferen 19» nichts ausrichten: Die Flüchtlinge überrennen den Süden, verbünden sich mit französischen «Anti-Kolonialisten» und übernehmen die Regierung des Landes. Für Millionen von armen, hungrigen Menschen in der «Dritten Welt» ist dies das Signal: Auch sie machen sich jetzt auf den Weg in die «Erste Welt» und bringen eine westliche Regierung nach der anderen zu Fall. Von «europäischer Kultur» ist am Ende nichts mehr übrig, und sogar die englische Queen wird gezwungen, ihren Sohn mit einer Pakistanerin zu verheiraten.

Was Raspail mit dieser wilden Geschichte sagen wollte,

verrät er in den Vorworten zu verschiedenen Neuauflagen. Wie in fast allen Theorien vom «großen Austausch» sind seine Hauptfeinde nicht allein die «Fremden», also die Flüchtlinge oder Einwanderer, die von außen kommen, sondern Linke und Liberale aus der eigenen Gesellschaft, die mit den «Fremden» aus Naivität oder Selbsthass gemeinsame Sache machen. Im Vorwort zur Auflage aus dem Jahr 2011 listet Raspail auf, wer damit gemeint ist, nämlich «Medien, Showbusiness, Künstler, Menschenrechts-Typen, Soziologen, Wissenschaftler, Lehrer, Literaten, Aktivisten, Spindoktoren, Anwälte, Bischöfe, linke Christen, Technokraten, Therapeuten [und] militante Menschenfreunde».[17] Aus Raspails Sicht waren diese Personengruppen – mit ihrem unumstößlichen Glauben an Gleichheit und universale Menschenrechte – nicht Retter, sondern Zerstörer der westlichen Zivilisation. Solange sie das Sagen hatten, würde der Anteil der «Kulturfremden» zunehmen, und spätestens im Jahr 2050 käme es zu einem gewaltsamen Konflikt, den die Europäer nur durch eine *Reconquista*, eine «Wiedereroberung», für sich entscheiden konnten.[18] Bis heute gilt Raspail vielen Rechten als «prophetisch», während Linke sein Buch für rassistisch halten.[19]

Prophetisch war an Raspails Buch vor allem seine Beschreibung der politischen Verwerfungen, zu denen eine «Flüchtlingswelle» führen konnte. Weniger akkurat war die Voraussage, dass diese aus Indien kommen würde – was dazu führte, dass er die Brisanz muslimischer Einwanderung lange Zeit übersah. Eine viel stärkere Beachtung dieses Themas fand sich im Werk der 1933 geborenen, aus einer jüdischen Familie in Kairo stammenden Historikerin Gisèle Littman, die in den 1950er-Jahren nach Großbritannien geflohen war und seit 1960 in der Schweiz lebt. Nicht zuletzt aus eigener Erfahrung war für Littman, die das Pseudonym Bat Ye'or verwendet,[20] immer schon der Islam – und speziell das Schicksal religiöser Minderheiten unter islamischer Herrschaft – das große Problem. Bereits in den 1980er-Jahren schrieb sie darüber, wie sich Christen und Juden im Nahen Osten dem Islam unterordnen mussten, und prägte hierfür den Ausdruck der *Dhimmisierung*, eine Anglisierung des arabischen Begriffs für den Status von Nichtmuslimen. Ihr bei Weitem wichtigstes Buch war *Eurabia: The Euro-Arab Axis*, das im Jahr 2005 erschien und hinter Einwanderung und dem wachsenden Einfluss des Islams in Europa eine Verschwörung europäischer Eliten vermutete.

Diese Verschwörung war Littman zufolge nach der Ölkrise in den frühen 1970er-Jahren entstanden. Auf Initiative Frankreichs hin hatte damals der Euro-Arabische Dialog begonnen, der sich laut Littman im Laufe der Jahre zu einer politischen «Superstruktur» entwickelte und mittlerweile nicht nur alle Bereiche europäischer Politik bestimme, sondern weit in die Zivilgesellschaft hineinreiche – unter anderem in politische Parteien, Kirchen, Universitäten, Medien, Industrie und Banken. Grund für das schnelle Wachstum und den enormen Einfluss dieser «Superstruktur» sei einerseits das europäische Bedürfnis nach Öl und Gas, andererseits basiere es auf einer in Europa – und besonders in Frankreich – weitverbreiteten Nostalgie für die arabische Welt. Das Ergebnis seien offene Grenzen für muslimische Einwanderer, die die «eingeborene» Bevölkerung schrittweise «ersetzen» würden.[21]

So gut wie nichts an dieser Theorie war korrekt. Die Idee, dass ein informelles Dialogforum der Europäischen Kommission solche Macht entfalten und die lang etablierten und oftmals gegensätzlichen Außenpolitiken europäischer Staaten einfach so aufheben konnte, ist für Kenner europäischer Politik absurd. Genauso abwegig erscheint die Vorstellung, dass arabische Diktatoren, von denen viele traditionell miteinander verfeindet sind, gegenüber Europa plötzlich als geeinter Block auftreten und – noch dazu – eine islamistische Agenda verfolgen, die ihren eigenen Überzeugungen widerspricht. Außer Geraune, Vermutungen und aus dem Zusammenhang gerissenen Zitaten hat Littmans Buch wenig Konkretes zu bieten. Doch ihre Theorie passt gut zur verbreiteten Idee eines schwachen Europas, von dem es heißt, seine liberal-modernen Eliten hätten sich selbst aufgegeben, und bestätigt das Bild eines feindlichen Islam, der als monolithischer Block handle, den Westen «erobern» wolle und für den die gegenwärtige Situation nur die letzte Etappe in einem jahrhundertealten «Dschihad» sei. Speziell unter «Islamkritikern» fand Littman mit ihrer «Eurabien»-These viel Zuspruch, und Gruppen wie PEGIDA oder die *English Defence League* (EDL) (siehe Kapitel 6) sahen in ihr eine mutige Vordenkerin, die sich zu sagen traue, was der politische Mainstream angeblich verschweige.[22]

Noch erfolgreicher als Littmans *Eurabia* war in jüngster Zeit nur *Der große Austausch* des französischen Schriftstellers Renaud Camus (geboren 1946). Genauso wenig wie Littman und Raspail entsprach Camus dem stereotypischen Bild eines Rechtsextremisten. Im Gegensatz zu Alain de Benoist war er während der Studentenproteste im Jahr 1968 Teil der Linken gewesen und führte – früher als viele andere – ein offen homosexuelles Leben. Die 1970er-Jahren verbrachte er als Dichter in Paris und verkehrte mit renommierten Künstlern wie Andy Warhol. Mit dem Verkaufserlös seiner Pariser Wohnung renovierte er eine Burg im Südwesten Frankreichs, wo er seit den 1980er-Jahren lebt. Obwohl er nach eigenen Angaben bereits im Jahr 1996 die Idee für den «großen Austausch» hatte, unterstützte er noch bei den Wahlen im Jahr 2002 linke und grüne Kandidaten.

Seine Theorie, die er zuerst im Jahr 2011 veröffentlichte, war relativ einfach und folgte einer ähnlichen Logik wie die seiner Vorgänger. Laut Camus gab es drei Kategorien von Menschen, die am «großen Austausch» beteiligt waren: Die «Austauschenden» – womit er die liberalen Eliten meinte – trieben die Veränderung in ihren Gesellschaften aktiv voran; die «Austauscher» – Einwanderer aus verschiedenen Teilen Afrikas – ersetzten die autochthone Bevölkerung; und die «Ausgetauschten» – also die autochthone Bevölkerung – seien damit entweder einverstanden oder nicht. Die «Austauscher» verhielten sich laut Camus stets aggressiv und zerstörten allein durch ihre Anwesenheit die gewachsene Kultur, doch sie traf persönlich keine Schuld. Die Verantwortlichen für die drohende Katastrophe seien die «Austauschenden» und die freiwillig «Ausgetauschten», denn sie hätten die Tür nach Europa geöffnet. Ihre Motivation bestehe aus einer Kombination von «Geld und Tugend», wobei die liberalmoderne Version von «Tugend» – also Ideen wie Gleichheit, Menschenrechte, Antirassismus und Mitleid – die wichtigste und gleichzeitig fatalste Rolle spiele.

Der große Austausch stieß auf so große Resonanz, weil er im Gegensatz zum «weißen Genozid» nicht offen antisemitisch war und weil es sich – anders als bei Littmans «Eurabien»-These – nicht um eine plumpe Verschwörungstheorie handelte. Camus machte dies von Anfang an klar. Schuld hatte seiner Meinung nach keine Person, Gruppe oder Organisation, sondern der liberal-moderne Zeitgeist und die durch ihn ausgelösten Prozesse. In einer erweiterten, direkt auf Englisch verfassten Ausgabe von 2018, die zentrale Gedanken seiner früheren Bücher zusammenfasst, schrieb er: «Ich persönlich habe mir nie vorgestellt, dass sich eine Gruppe von Menschen mit bösen Absichten eines Tages in einem großen, luxuriösen Vorstandszimmer versammelt und beschließt, die Bevölkerung Europas gegen eine billigere auszutauschen, deren Zahl schneller wächst (…). Ich stelle mir das Ganze lieber als eine [Kombination] von enormen, bizarren und komplexen Prozessen vor, die so kompliziert sind, dass niemand genau verstehen kann, wie sie funktionieren; und niemand sie beherrschen und stoppen kann, sobald sie in Gang gesetzt wurden.»[23]

Ähnlich wie bei anderen Theorien vom «großen Austausch» prognostizierte auch Camus einen Konflikt, durch den die Spannungen früher oder später «explodieren» würden. Und obwohl er Gewalt gegen «Austauscher» und «Austauschende» strikt ablehnte, gab es zahlreiche Rechtsextreme, die seine Theorie in ebendieser Weise interpretierten. Neben Brenton Tarrant waren dies unter anderem die Attentäter von Pittsburgh (Oktober 2018, 11 Tote), El Paso (August 2019, 23 Tote) und Buffalo (Mai 2022, 10 Tote), die ihre Anschläge explizit mit dem «großen Austausch» rechtfertigten.

Genauso problematisch – wenn auch weniger tödlich – war die politische Wirkung. Nicht nur die französische Rechtspopulistin Marine Le Pen, der Camus zeitweise als Berater diente, sondern auch Ungarns Premierminister Viktor Orbán, seine italienische Amtskollegin Giorgia Meloni und praktisch alle anderen Anführer rechtspopulistischer und rechtsextremistischer Parteien in Europa begründeten ihre Gegnerschaft zu jeglicher Form von Migration mit dem «großen Austausch». Camus hatte ein Bild geschaffen, das zwar nichts Neues enthielt, aber durch seine Prägnanz viel Aufmerksamkeit und Resonanz erzeugte.

Westliche Suizide

Wie weit solche Ideen bereits in den Mainstream durchgesickert waren, zeigt eine Reihe von Büchern aus den 2010er-Jahren, die zwar oftmals nicht explizit auf den «großen Austausch» oder ähnliche Theorien Bezug nehmen, aber seine Logik artikulieren – einfach ausgedrückt: einen tief sitzenden Pessimismus, der Ängste vor Einwanderung und sinkenden Geburtenraten anzusprechen versucht und sie dabei gleichzeitig schürt. Auf einen «Suizid» liefen solche Szenarien aus Sicht ihrer Autoren hinaus, weil liberale Eliten sie aktiv vorantrieben und damit den Niedergang ihrer eigenen Gesellschaften billigend in Kauf nahmen.

Vorreiter in diesem Genre war der vormalige Beamte, Berliner Finanzsenator und Sozialdemokrat Thilo Sarrazin. In seinem fast fünfhundertseitigen Buch *Deutschland schafft sich ab*, das im Herbst 2010 erschien, geht es vorrangig um die Zukunft des Sozialstaats, die seiner Meinung nach unzertrennlich mit den Themen Einwanderung und Islam verknüpft ist.[24] Dass muslimische Immigranten Deutschland mit ihrer Gebärfreudigkeit «eroberten», sei in mehrfacher Hinsicht ein Problem: erstens, weil ein Großteil von staatlichen Zuschüssen lebe, den deutschen Staat ablehne und «Parallelgesellschaften» bilde, in denen islamisches, nicht deutsches Recht gelte; zweitens, weil sie mehrheitlich frauenfeindlich und «bildungsfern» seien, was bedeute, dass auch ihre Kinder auf der untersten Stufe des sozialen Gefüges verbleiben würden; und drittens, weil sie abstammungsbedingt weniger intelligent seien als Deutsche. Ihm würde es gefallen, so Sarrazin in einem Interview, «wenn es osteuropäische Juden wären, mit einem 15 Prozent höheren Intelligenzquotient als dem der deutschen Bevölkerung.»[25]

Die Kombination aus «Kulturrassismus» und biologischem Rassismus, die in Sarrazins Aussagen zum Ausdruck kam, verursachte einen Sturm der Entrüstung. Innerhalb kurzer Zeit galt der lebenslange Sozialdemokrat als «Nazi», «geistiger Brandstifter» und «wütender alter Mann», der Rechtsextremen mit seinen Thesen in die Hände spiele.[26]

Sarrazin distanzierte sich daraufhin relativ konsequent vom biologischen Rassismus,[27] und sein 2016 veröffentlichtes Buch *Wunschdenken* machte klar, dass er mit Eugenik und Abstammungstheorie nichts zu tun haben wollte.[28] Doch an der essenzialistischen Sicht des Islam und der Vorstellung, dass Muslime aufgrund ihrer Religion und Kultur eine wachsende, vielleicht sogar fatale Bedrohung für Deutschland und seine Identität seien, hielt er fest. Im Jahr 2018 veröffentlichte er ein weiteres umfangreiches Buch, das ausschließlich diesem Thema gewidmet ist. Sein Titel: *Feindliche Übernahme. Wie der Islam den Fortschritt behindert und die Gesellschaft bedroht.*

Noch deutlicher wurde der Schriftsteller Akif Pirinçci, der in Interviews offen zugab, dass er Sarrazins Provokationen noch überbieten wolle. Pirinçci war im Alter von zehn Jahren mit seiner Familie aus der Türkei nach Deutschland gekommen und hatte wenig formale Bildung genossen. Doch bereits in jungen Jahren zeigte sich sein außerordentliches Talent fürs Schreiben und die deutsche Sprache. Der Durchbruch gelang ihm Ende der 1980er-Jahre mit einer Serie von Detektivromanen, in denen Katzen die Hauptrolle spielen und die sich weltweit mehrere Millionen Mal verkauften.

Zu keinem Zeitpunkt thematisierte Pirinçci dabei seinen Migrationshintergrund. Nach eigenen Angaben empfand er sich vielmehr als «mit jeder Faser Deutscher» und artikulierte ab den späten 2000er-Jahren sogar ausländer- und migrationsfeindliche Positionen.[29] Unter der Überschrift «Das Schlachten hat begonnen» beschrieb er im Frühjahr 2013 die Tötung eines jungen Deutschen durch eine Gruppe türkischstämmiger Männer als «schleichenden Genozid» und implizierte damit, dass es sich um Teile einer systematischen Kampagne handle, die die Deutschen aus ihrem Land vertreiben solle.[30]

Im darauffolgenden Jahr veröffentlichte er dann sein erstes politisches Buch, *Deutschland von Sinnen*, das in derber, oft beleidigender Sprache geschrieben ist und eine lange Liste von vermeintlichen «Verrätern am Vaterland» enthält. Ähnlich wie bei Jean Raspail gehörten hierzu praktisch alle Mitglieder der «linksgrünen Elite», darunter «Gleichstellungs- und Antidiskriminierungsbeauftragte, Organisationen wie Pro Asyl und Flüchtlingsräte, Professoren der Soziologie und bestellte Gutachter für die Migrations- und Wohlfahrtsindustrie». Den größten Feind erkannte Pirinçci nicht in einzelnen Personen oder Gruppen, sondern in einem «Gutmenschentum, dessen Fundament aus nichts als Lügen besteht».[31]

Einige Kritiker stellten das Buch auf eine Stufe mit Hitlers *Mein Kampf*,[32] aber derartige Vergleiche schossen über das Ziel hinaus. Pirinçcis Thesen sind zweifellos rechtsextrem, doch er bewundert Juden, und auch Schwule kommen in seinem Buch relativ gut weg. Was ihn fundamental von Faschisten unterscheidet, ist seine Ablehnung jeder Form von staatlicher Bevormundung. Pirinçcis politische Positionen sind größtenteils libertär, sein gesellschaftliches Ideal besteht aus einem (hochgradig) idealisierten Bild der Vereinigten Staaten, und statt eigener faschistischer Tendenzen identifizierte er diese regelmäßig bei seinen staatsgläubigen Gegnern, von denen er meint, sie würden die Leute zum «Gutsein» zwingen wollen. Dies war auch die Logik hinter dem Titel seines nächsten Buchs, das im Zuge der «Flüchtlingskrise» erschien und die Theorie vom «großen Austausch» bereits im Untertitel – «Wie die Deutschen still und leise ausgetauscht werden» – artikulierte. Für den Haupttitel wählte er den Nazi-Begriff «Umvolkung» – und zwar nicht, weil er den angeblichen Austausch der deutschen Bevölkerung so gut fand, sondern, im Gegenteil, weil er ihn für schlecht und «faschistisch» hielt.[33]

Ein drittes Beispiel für die Behauptung eines westlichen Suizids kommt aus Frankreich.[34] Und genauso wie beim Sozialdemokraten Sarrazin oder dem Deutsch-Türken Pirinçci lässt sich ihr Autor nicht einfach so als Faschist oder Nazi charakterisieren. Der Journalist Éric Zemmour ist Kind jüdischer Eltern, die ursprünglich aus Algerien stammten und noch vor dem Unabhängigkeitskrieg nach Frankreich ausgewandert waren. Zemmour wuchs in bescheidenen Verhältnissen auf, entwickelte aber bereits früh großen Ehrgeiz und schaffte es an die Pariser Eliteuniversität Sciences Po. Danach arbeitete er für verschiedene Zeitungen, schrieb Bücher und war regelmäßiger Gast in politischen Talkshows. Er galt immer schon als «konservativ», doch erst mit seinem 2014 veröffentlichten Buch *Le suicide français* («Der französische Selbstmord») brach er mit dem System.

Für Kenner des Genres ist an Zemmours Buch wenig neu, interessant oder originell. Er erzählt darin die Geschichte vom angeblichen Niedergang Frankreichs und macht dafür die 68er-Generation verantwortlich. Die von ihm diagnostizierte Malaise besteht aus den gleichen Elementen, die Sarrazin und Pirinçci für Deutschland reklamieren. Im Mittelpunkt steht dabei eine politische Elite, die sich ihres Landes, seiner Kultur und Geschichte schäme, «natürliche» Hierarchien mit missionarischem Eifer einebne und die eigene Bevölkerung Schritt für Schritt durch eine «fremde» ersetze. Zemmour erscheint lediglich noch pessimistischer als seine deutschen Gesinnungsgenossen: Das Frankreich der «großen Männer», von Napoleon und Charles de Gaulle, gilt ihm als verloren; sein Tod lässt sich nicht mehr abwenden.

Diese Einschätzung begann sich vier Jahre später zu ändern, als Zemmour ein weiteres Buch, diesmal mit dem optimistischeren Titel *Le destin français* («Das französische Schicksal»), veröffentlichte. Noch mal vier Jahre später, im

Jahr 2022, kandidierte er dann für die Präsidentschaft und versprach eine «Rückeroberung» des Landes. Nachdem er jahrelang den Untergang prophezeit hatte, inszenierte er sich jetzt als «Retterfigur». Doch sein Erfolg war bescheiden: Am Ende stimmten nur sieben Prozent der französischen Wähler für ihn.

Zemmours Dilemma war nicht ungewöhnlich. Wie bereits im ersten Kapitel gezeigt, sind Pessimismus und die damit verbundenen Untergangsszenarien unter Rechten weit verbreitet. Die Angst, die sie bei anderen verbreiten, ist teils zynische Manipulation, teils wird sie tatsächlich so empfunden. Immer wieder stellt sich ihnen die Frage: Was tun? Gibt es Möglichkeiten, den drohenden Untergang vielleicht doch zu stoppen? Oder ist es besser, sich dem Niedergang durch Ausstieg oder Abwanderung zu entziehen? Wie die folgenden Kapitel zeigen, entstanden aus der «Logik der Angst» im Laufe der Zeit ganz unterschiedliche Handlungsstrategien.

5. FLUCHT

Eine erste Form des «Widerstands» gegen die liberale Moderne ist Flucht. Welchen Sinn hat schon ein Kampf, der nicht gewonnen werden kann? Ist es nicht besser, sich so viel wie möglich vom «Eigenen» zu bewahren? Für viele Rechtsextreme ist der Rückzug aus der modernen Gesellschaft kein Ausdruck von Feigheit, sondern ein plausibler, wenn nicht sogar mutiger Schritt. Was genau dieser Schritt beinhaltet und welchem Zweck er dient, darüber gibt es jedoch verschiedene Auffassungen.

Den vielleicht radikalsten Ansatz hatte der französische Traditionalist René Guénon. Die moderne Welt mit ihren lauten Maschinen, dem ständigen Streben nach «mehr» und ihrem naiven – und gleichzeitig arroganten – Glauben an Fortschritt war ihm unerträglich geworden. Er fühlte sich «wie im Gefängnis».[1] Im Alter von fünfundzwanzig Jahren konvertierte er deshalb zum Islam, und mit vierundvierzig verabschiedete er sich vom Westen auch physisch, indem er, wie im ersten Kapitel erwähnt, nach Kairo zog und den Rest seines Lebens mit Gebet und Kontemplation verbrachte – in der festen Überzeugung, dass sich nur die «östlichen» Religionen Reste der «ewigen Erkenntnis» bewahrt hatten und diese nur als Teil von ihnen «gerettet» werden konnte.

Seine Absicht war weder Kampf noch irgendeine Form der Auseinandersetzung. Er hatte nicht vor, in Ägypten eine traditionalistische Partei zu gründen, und plante auch keinen Umsturz. Vielmehr hatte er mit dem gegenwärtigen Zeitalter mental und politisch abgeschlossen und begriff seine «Mission» als eine, die über die eigene Existenz hinausreichte. Guénon wollte, wie er selbst schrieb, «zur Erhaltung dessen beitragen, was die gegenwärtige Welt überleben und für den Aufbau der zukünftigen Welt dienen soll».[2]

Doch nicht alle rechten Vordenker nahmen die Idee der Flucht so wörtlich. Ein völlig anderer Ansatz stammt von dem belgischen Althistoriker David Engels, der besonders während der Jahre der Corona-Pandemie zu einer Art «Superstar» der Rechtskatholiken geworden ist. Sein Blick auf die Zukunft ist mindestens genauso pessimistisch wie der Guénons. «Seien wir ehrlich», schreibt er etwa in seinem 2019 erschienenen, unter Rechtsextremen lebhaft diskutierten Buch mit dem Titel *Was tun?*, «die Dinge werden sich nicht so rasch ändern. Die europäischen Bürger, zunehmend verdummt durch die Massenmedien, die schulische Indoktrinierung, die allgemeine Unbildung und den Materialismus, der unser gesamtes gesellschaftliches Miteinander ausgehöhlt hat, werden erst dann zu einem letzten Aufbäumen von Stolz, Würde und Solidarität fähig sein, wenn es sehr spät, vielleicht bereits zu spät ist.»[3]

Selbst der Aufstieg rechtspopulistischer Parteien macht ihm wenig Hoffnung: «Eine Entscheidung für die meisten der heutigen Spielarten des ‹Populismus›», so Engels' pessimistische Einschätzung, «wird zwangsläufig ein unreifes und buntscheckiges Personal an die Macht bringen, welches für diese Aufgabe keinerlei Erfahrung [hat], über kein geschlossenes Programm verfügt und außerdem, wie zu erwarten ist, auf Schritt und Tritt sabotiert wird.»[4] Am Rückzug aus der modernen Gesellschaft führe deshalb kein Weg vorbei. Doch im Gegensatz zu Guénon versteht Engels darunter nicht Abkapselung oder einen Fokus auf das Transzendente. In seiner Interpretation ist Rückzug eine Form des aktiven Widerstands – und zwar in der Gegenwart.

Für Engels besteht Rückzug aus mehreren Schritten. Zunächst gehe es darum, den (liberal-modernen) Staat «aufzugeben», was bedeute, nicht mehr auf seine Unterstützung angewiesen zu sein und sich dadurch seiner Kontrolle zu entziehen. «Abendländische Patrioten» sollten die Städte verlassen, aufs Land ziehen und – so weit wie möglich – lokale Produkte kaufen oder sich selbst versorgen. Genauso wichtig ist ihm, dass man dort ein traditionelles, der «natürlichen» Ordnung entsprechendes Leben führe. Hierzu gehören seiner Meinung nach die Verbundenheit mit der Natur, die Gründung einer Familie, die «richtige» Erziehung der Kinder, die Wiederherstellung traditioneller Geschlechterrollen und – nicht zuletzt – der Stolz auf die eigene, europäische Geschichte. Bereits die Existenz solcher, gegen den liberal-modernen Zeitgeist gerichteter Lebensentwürfe würde beweisen, «dass ein Widerstand gegen die gegenwärtige politische und gesellschaftliche Ordnung tatsächlich besteht», so Engels.[5]

Wenn sich ausreichend Gleichgesinnte zusammenfänden, könne man außerdem – in einem zweiten Schritt – «alternative Strukturen» aufbauen. Sollte dies an vielen Orten gleichzeitig geschehen, käme es zu einem «Schneeballeffekt» und dadurch zur Entstehung «miteinander verknüpfter, geistig gefestigter, eng zusammenstehender komplementärer ländlicher Gemeinden».[6] Ultimatives Ziel sei der Aufbau einer alternativen «Zivilgesellschaft, die den liberal-modernen Staat ‹aushebelt› und auf dieser Grundlage versucht – wenn die Zeit reif ist –, die Macht über unsere Heimat zurückzuerobern».[7] Am Ende stehe somit nicht nur die geistige oder intellektuelle, sondern auch die physische «Sezession»,[8] wie es in der Vergangenheit auch amerikanische Rechtsextreme mit der Idee «weißer Ethnostaaten» angestrebt haben (siehe Kapitel 4).

Die Entwürfe von Guénon und Engels illustrieren, wie unterschiedlich Konzeptionen von Flucht sein können. Was sie verbindet, ist ein tief sitzender Pessimismus angesichts der Zukunft der liberalen Moderne, Frustration über konventionellen politischen Aktivismus und das Verlangen, der täglichen Konfrontation mit der verhassten Moderne auf irgendeine Art und Weise zu entkommen. Was sie unterscheidet, ist die aus dem Pessimismus resultierende Handlungslogik: Totaler Rückzug – quasi eine Form des politischen Einsiedlertums – befindet sich an einem Ende des Spektrums; am anderen Ende liegt ein aktivistisch orientierter Ansatz, der Flucht als Teil der Auseinandersetzung mit dem System begreift. Wie die folgenden Beispiele zeigen, sind die Übergänge in der Praxis oftmals fließend, sodass Rückzug nicht zwangsläufig permanent ist und auch vermeintliche «Rückzugsräume» einen Beitrag zum aktiven Kampf leisten können.

Rückzug aufs Land

Das Bedürfnis, aufs Land zu ziehen und sich dadurch von der modernen Industriegesellschaft abzukoppeln, ist keineswegs neu. Die ersten Konzepte hierfür entstanden bereits hundertfünfzig Jahre vor der Veröffentlichung von Engels' Buch. Seit dem späten 19. Jahrhundert waren Siedlungsprojekte ein wichtiger Bestandteil der völkischen Bewegung und führten zu zahlreichen, oftmals utopischen Projekten. Ihr Ziel war nicht nur die Flucht aus der modernen Stadt, sondern auch – und vor allem – die Wiederherstellung der «mythischen» Verbindung zwischen Volk und Land. In letzter Konsequenz, so der Historiker George Mosse, ging es vielen Siedlern darum, unter diesen Bedingungen eine besonders reine, arische Rasse zu «züchten».[9]

Den ideologischen Anstoß hierfür gab unter anderem der deutsche Naturwissenschaftler Willibald Hentschel

(1858–1947), der mit einer Reihe von Erfindungen ein Vermögen gemacht hatte, bevor er mit Anfang dreißig begann, sich für Politik zu interessieren. Er wurde Vorstandsmitglied der antisemitischen Deutschsozialen Partei, durch die er auch in die völkische «Szene» hineingeriet. 1901 veröffentlichte er das Buch *Varuna. Eine Welt- und Geschichts-Betrachtung vom Standpunkt des Ariers*, das zum Bestseller wurde.[10] Darin formuliert er eine auf indischen Mythen beruhende Welttheorie und behauptet, dass der Lauf der Geschichte von einer vorzeitlichen Energie abhängt. Wie viel davon freigesetzt werde, komme darauf an, von welcher Qualität ihr Träger – die biologische Rasse – sei. Die reinste Rasse war nach Hentschels Auffassung (natürlich) die arische, weshalb das deutsche – oder germanische – Volk allen anderen überlegen sei. Um sicherzustellen, dass dies auch so bleibe, schlug er die Schaffung eines arischen Kastensystems mit eigener Aristokratie und Kriegerkaste vor.[11]

Mit der Siedlung «Mittgart» – die germanische Bezeichnung für die Mitte der Welt – wollte Hentschel diese Theorie in die Praxis umsetzen. Seine Vision war eine Art arische Kommune, in der weder Geld noch Eigentum existieren und ein Rat weiser Männer das Sagen hat. Neben harter körperlicher Arbeit auf dem Land würde es vor allem darum gehen, durch germanische Rituale, Tanz und Gesang eine vollständig arische Mentalität zu schaffen. Zugang hätten nur die «fittesten», und Ziel sei es, durch verschiedene Auslesemechanismen mit jeder Generation eine noch stärkere Rasse – mit noch größerer Energie – hervorzubringen. Hierzu diente auch Hentschels kontroverseste Idee, nämlich die Einführung der Polygamie. Auf hundert Männer sollten in «Mittgart» tausend Frauen kommen, deren einzige Aufgabe darin bestehe, mit den zur Verfügung stehenden Männern ein Kind nach dem anderen zu zeugen.[12]

Nicht zuletzt wegen solcher Vorschläge, die selbst völkisch Gesinnten zu weit gingen, blieb Hentschels «Mittgart» eine Fantasie.[13] Doch nach Ende des Ersten Weltkriegs lieferte er die Inspiration für ein weiteres Projekt, das tatsächlich umgesetzt wurde. In einer seiner Schriften hatte er die Schaffung einer «ritterlich deutschen Kampfgemeinschaft auf deutscher Erde» gefordert und dafür den Namen «Artam» – nach dem Gott der Arier – vorgeschlagen. Daraus wurden wenige Jahre später die sogenannten Artamanen, ein freiwilliger Dienst, mit dem sich völkische Jugendliche zur Arbeit auf dem Land melden konnten. Für die Teilnehmer stand dabei die «germanische» Erfahrung im Vordergrund, insbesondere das Erlernen heidnischer Rituale, die Arbeit am «deutschen Boden» und das gemeinschaftliche Erlebnis. Die Güter, auf denen sie eingesetzt wurden, befanden sich fast alle im Osten des Landes. Polnische Wanderarbeiter sollten ersetzt und der deutsche Anspruch auf diese Gebiete bekräftigt werden.[14] Die Gruppe ermöglichte also nicht nur «Flucht», sondern leistete auch einen konkreten Beitrag zur Förderung der großdeutschen Agenda.

Obwohl die Artamanen zu keinem Zeitpunkt mehr als zweitausend Mitglieder hatten, setzten sie zahlreiche Akzente und sind bis heute von Bedeutung. Bereits in den 1920er-Jahren schlossen sich viele ihrer Unterstützer der NSDAP an, und im Jahr 1934 ging die gesamte Organisation in der Hitlerjugend auf. Zu ihrem wichtigsten Fürsprecher wurde SS-Führer Heinrich Himmler, der Hentschel bereits lange kannte und ab dem Jahr 1928 bayerischer «Gauleiter» der Gruppe war.[15] Zusammen mit dem Reichsbauernführer Walther Darré, der ebenfalls Mitglied war, sorgte Himmler dafür, dass die Artamanen zum Vorbild für den sogenannten Landdienst wurden, mit dem sich Jugendliche zur Arbeit am «deutschen Boden» verpflichten konnten. Genauso wie bei den Artamanen sollten dadurch vor allem deutsche «Wehrbauern im Osten» unterstützt werden.[16]

Nach dem Ende des Nationalsozialismus hörte man von der Gruppe zunächst wenig. Doch Ende der 1960er-Jahre taten sich die übrig gebliebenen Mitglieder wieder zusammen, und Anfang der 1990er-Jahre kam es zur Übernahme der Organisation durch eine neue Generation völkischer Nationalisten, die darauf drängte, die Siedlungsmission wiederzubeleben. «Lasst uns im Landdienst wieder der Erde bewusst werden», hieß es etwa in einem Aufruf aus dem Jahr 1994.[17] Innerhalb kurzer Zeit zogen daraufhin etwa zwanzig Aktivisten ins Dörfchen Koppelow nahe Güstrow in einer strukturschwachen Region Mecklenburg-Vorpommerns. Für wenig Geld kauften sie dort Höfe sowie das dazugehörige Land und begannen, eine – in ihren Worten – «organisch wachsende Siedlung kulturbewusster Menschen» aufzubauen.[18]

Viele der Siedler in Koppelow arbeiten seither als Bauern, andere sind Handwerker. Vom Rest des Dorfs sondern sie sich nicht ab, engagieren sich vielmehr aktiv, helfen bei kommunalen Projekten und organisieren Feste. Anfang der 2000er-Jahre wurden sie bundesweit als «braune Ökologen» bekannt, weil sie völkische Vorstellungen von Umwelt- und Tierschutz verfolgen und sich mit großem Enthusiasmus an Kampagnen gegen Massentierhaltung und gentechnisch verändertes Saatgut beteiligt haben. Ihr Motto lautet: «Umweltschutz = Tierschutz = Heimatschutz = Volksschutz».[19] Obwohl die Siedlungstätigkeit nur langsam vorankommt, gilt das Projekt unter Rechtsextremen als Erfolg: Anfang der 2010er-Jahre lebten in Koppelow ein Dutzend Artamanen-Familien mit über sechzig Kindern.[20] Innerhalb weniger Jahre entfaltete die Siedlung außerdem so große Strahlkraft, dass es im gesamten Bundesgebiet Nachahmer fand. Laut einem Bericht der Amadeu Antonio Stiftung existieren ähnliche

Projekte inzwischen nicht nur in allen fünf neuen Bundesländern, sondern auch in strukturschwachen Regionen von Schleswig-Holstein, Niedersachsen, Hessen und Bayern.

Ein wichtiger Faktor ist, dass diese Projekte eng in rechtsextreme Netzwerke eingebunden sind. Zu ihrem Umfeld gehören neben völkischen Jugendbünden und einer Reihe von religiös-esoterischen Organisationen vor allem sogenannte Freie Kameradschaften und die NPD. All diese Organisationen haben in den vergangenen Jahren völkische Siedlungen genutzt, um – fernab der Öffentlichkeit – Feiern, Tagungen und Ausbildungen durchzuführen. Insofern bieten die modernen Artamanen eben nicht nur Orte der Flucht, sondern gleichzeitig «Rückzugsräume», mit denen sie politische Kampagnen konventioneller rechtsextremer Gruppen aktiv – und relativ systematisch – unterstützen. Vorstellbar ist auch, dass hier – ähnlich wie in den 1990er-Jahren in «weißen Siedlungen» in den Vereinigten Staaten – gesuchte Straftäter oder gar Terroristen versteckt werden.[21]

«Emigration» ins Innere

Viel weniger strukturiert verhalten sich die sogenannten Reichsbürger, die besonders in den vergangenen zwei Jahrzehnten stärker sichtbar geworden sind und in Deutschland mittlerweile mehr als zwanzigtausend Anhänger haben. Grund für das vermeintliche Fehlen von Struktur ist, dass es sich beim Begriff «Reichsbürger» um eine Fremdzuschreibung handelt, hinter der sich mehrere Gruppierungen und ideologische Strömungen verstecken. Was sie eint, ist die Überzeugung, dass das Deutsche Reich – je nach Interpretation: das von 1871, 1918 oder 1933 – niemals aufgehört hat zu existieren und die Bundesrepublik Deutschland deshalb kein legitimer Staat ist. Für einen Großteil der Anhänger geht damit laut dem Soziologen Thomas Schmidt-Lux eine Form von «symbolischer Emigration» einher, mit der sie versuchen, dem modernen Staat zu entfliehen.[22]

Grob gesprochen lassen sich drei Gruppen von Reichsbürgern unterscheiden. Die erste besteht aus «traditionellen» Rechtsextremisten, für die es beim «Reichsbürgertum» darum geht, das sogenannte Dritte Reich – also das von 1933 – wiederherzustellen. Diese Idee existierte bereits in den 1950ern unter Anhängern der (später verbotenen) Sozialistischen Reichspartei, doch besonders der Anwalt und Rechtsterrorist Manfred Roeder (1929–2014) erfüllte sie in den 1970er-Jahren mit neuem Leben. Roeder korrespondierte damals mit dem Großadmiral Karl Dönitz, den Hitler kurz vor seinem Selbstmord im April 1945 zu seinem Nachfolger bestimmt hatte. Roeder wollte Dönitz davon überzeugen, das Amt des Reichspräsidenten, das er durch die Kapitulation Deutschlands verloren hatte, wieder zu beanspruchen. Als Dönitz ihm mitteilte, dass er daran kein Interesse habe, berief Roeder einen «Reichstag» ein, der ihn selbst zum «Reichsverweser», also zum provisorischen Verwalter des angeblichen Reichs, wählte. Für eine kleine Zahl von nazistisch orientierten Gruppen ist dieser «(Wieder-)Gründungsakt» Beweis für den Fortbestand des Dritten Reichs.[23]

Die große Mehrheit der Reichsbürger beruft sich jedoch auf eine zweite Tradition, die kurioserweise auf einen Berliner Bahnangestellten zurückgeht. Sein Name ist Wolfgang Ebel (1939–2014), und obwohl er aus dem Westen stammte, arbeitete er während der Teilung für die ostdeutsche Reichsbahn, die bis Mitte der 1980er-Jahre für das gesamte Berliner S-Bahn-Netz – inklusive der Westzonen – zuständig war. Als Ebel von der Reichsbahn nach einem Streik im Jahr 1980 entlassen wurde, zog er vor Gericht. Sein Argument war, dass er kein Angestellter eines DDR-Unternehmens war, sondern Beamter des Deutschen Reichs, das niemals aufgehört habe zu existieren (deswegen auch «Reichs»-Bahn).[24] Seine Klage wurde abgewiesen, doch Ebel fand durch die langwierige Auseinandersetzung eine neue Identität. Angeblich auf Anweisung der Besatzungsmächte ernannte er sich im Jahr 1985 zum «Generalbevollmächtigen des Deutschen Reichs» und beanspruchte die Ämter des Reichskanzlers und des Reichspräsidenten der Weimarer Republik. Sein Haus in Zehlendorf deklarierte er zum Amtssitz der «Kommissarischen Reichsregierung», in deren Namen er unzählige Briefe an Ämter, Gerichte und internationale Institutionen schrieb.[25]

Im Gegensatz zu Roeder war Ebel kein klassischer Nazi, aber das Deutschland, das er im Sinn hatte, war in den Grenzen von 1937, und seine Aussagen über die «wirklichen» Machthaber in Deutschland hatten verschwörerische, meist anti-amerikanische oder antisemitische Untertöne. Obwohl er im Jahr 2000 nach Schätzungen der *tageszeitung* über nicht mehr als einhundert Anhänger verfügte, berufen sich viele Reichsbürgergruppen bis heute auf seine «Kommissarische Reichsregierung» oder sind Abspaltungen hiervon.[26]

Eine dritte Strömung sind die sogenannten Selbstverwalter, die vermehrt seit den 2000er-Jahren auftreten. Ihr «Erfinder» ist der fränkische Handelsvertreter und Esoteriker Peter Frühwald, der in verschiedenen politischen Parteien aktiv war und zwei eigene Parteien gründete, bevor er mit der «Arbeitsgemeinschaft Staatliche Selbstverwaltung» einen anderen Weg einschlug. Statt sich am politischen System zu beteiligen, argumentierte Frühwald fortan, dass die Bundesrepublik kein Staat, sondern ein privatwirtschaftliches Unternehmen («BRD-GmbH») sei und es jedem Bürger freistünde, sich von ihr loszusagen. Basierend auf einer unkonventionellen Interpretation einer (rechtlich nicht bindenden) UN-Resolution behauptet er, jeder Einwohner Deutschlands könne mittels einer Erklärung zu einer «natürlichen Person» werden und besäße damit sämtliche Rechte eines souveränen Staates, was bedeute, dass die Bundesrepublik alle rechtlichen und steuerlichen Ansprüche an diese Personen verlöre.[27] Nicht alle, die solche Erklärungen unterschrieben haben, verstehen sich notwendigerweise als Reichsbürger, aber die Überschneidung ist relativ hoch.

Mit Ausnahme der klassischen Rechtsextremen, also der ersten Gruppe, haben die meisten Reichsbürger keine klare Vorstellung davon, wie das «wiederauferstandene» Reich aussehen und nach welchen Regeln der neue Staat funktionieren soll. Auch gibt es innerhalb der Szene kaum politische Debatten oder Auseinandersetzungen. Worum es den Reichsbürgern meistens geht, ist nicht die Vision einer neuen Gesellschaft, sondern vor allem die Flucht aus der alten. Eine Mehrheit ist laut verschiedenen Untersuchungen mittleren Alters, oftmals «alleinstehend sowie sozial distanziert oder sogar isoliert».[28] In den Biografien dieser Menschen finden sich persönliche Krisen, finanzielle Probleme und – ganz besonders – Ohnmachtserlebnisse gegenüber dem liberal-modernen Staat. Thomas Schmidt-Lux, der Reichsbürger im Rahmen seiner soziologischen Forschung interviewt hat, konstatiert bei vielen eine «prekäre Situation», die durch die «Konversion» zum Reichsbürgertum überwunden werden soll. Obwohl physisch noch am selben Ort, erlaube sie eine «symbolische Emigration», mit der sich Betroffene der modernen Gesellschaft – und allen damit zusammenhängenden Problemen und Widersprüchen – entziehen könnten.[29]

Ihren Ausdruck findet diese Art von Flucht im sogenannten Papierterrorismus, also den unzähligen skurrilen Dokumenten, mit denen Reichsbürger versuchen, «Ohnmachtserfahrungen gegenüber dem staatlichen Recht in imaginäre Macht zu verwandeln».[30] Sie begründen ihre Position oftmals in langen, pseudojuristischen Traktaten, die sich (paradoxerweise) auf staatliche Institutionen berufen, deren Legitimität sie ja eigentlich bestreiten. Ämter und Gerichte «bombardieren» sie mit Anfragen und Anforderungen, deren Inhalt selbst dann gelten soll, wenn der Adressat sie nicht beantwortet. Nicht zuletzt produzieren sie eigene Ausweise, Führerscheine, Reisepässe und Autokennzeichen oder kaufen sich diese bei geschäftstüchtigen Gesinnungsgenossen. Dem Rechtswissenschaftler Christoph Schönberger zufolge sind die Reichsbürger in vielerlei Hinsicht «etwas sehr Deutsches», denn sie spiegeln mit ihrer Fixierung auf bürokratische Prozesse «eine [zutiefst deutsche] Bezogenheit auf die Autorität des Rechts (...) und [seine] traditionell besonders hohe Bedeutung (...) als Form sozialer Konfliktregelung» wider.[31]

Neben der Auseinandersetzung mit Behörden geht es häufig auch um Territorium. Meist bestehen die «Staaten» der Reichsbürger aus wenig mehr als den eigenen Häusern oder Wohnungen. Doch in einigen Fällen haben sie auch größere Ausmaße angenommen. Das bekannteste Beispiel ist das «Königreich Deutschland» des gelernten Kochs und Karatelehrers Peter Fitzek, der im sachsen-anhaltinischen Wittenberg im Jahr 2009 eine Art «Landkommune» gründete und sich drei Jahre später zu deren «Staatsoberhaupt» krönen ließ. Auf seinem Höhepunkt gehörten zu dem «Königreich» ein Esoterikgeschäft, ein ehemaliges Klinikgelände und mehrere verlassene Industriehallen, die Fitzek über die Zeit von Spenden seiner Anhänger – geschätzt mehr als 1,3 Millionen Euro – gekauft hatte.[32] Ein Dutzend Anhänger lebte hier permanent, während mehrere Hundert die «Staatsangehörigkeit» besaßen. Wie der Journalist Jean-Philipp

Baeck beobachtete, bildete sich um Fitzek im Laufe der Jahre ein regelrechter Personenkult. Sein «Königreich» regierte er wie ein Sektenführer: «Wer nicht hineinpasste, wurde aussortiert.»[33]

Hinzu kamen wachsende Beziehungen ins rechtsextreme Milieu. Während es Fitzek anfangs «nur» um Esoterik ging, gründete er ab 2015 eine «Gesundheitskasse», die sich an der «Germanischen Neuen Medizin» orientierte, formulierte Thesen über eine jüdische Weltverschwörung und trat schließlich bei Veranstaltungen rechtsextremer Parteien auf.[34] Diese Entwicklung ist nach Meinung von Verfassungsschützern nicht untypisch und belegt die «Anschlussfähigkeit» der Reichsbürgerideologie an den klassischen Rechtsextremismus.[35]

Dass es nicht bei «symbolischer Emigration» bleiben muss, zeigen besonders die Entwicklungen der letzten Jahre. Laut den Rechtsextremismus-Experten David Begrich und Andreas Speit leiten viele Reichsbürger aus ihrer «Selbstermächtigung» ein «Recht zur Selbstverteidigung» ab.[36] Dies führt dazu, dass sie Waffen horten und unter bestimmten Umständen auch bereit sind, sie einzusetzen.[37] Als etwa ein Sondereinsatzkommando im Oktober 2016 die Waffen eines Reichsbürgers im bayerischen Georgensgmünd konfiszieren wollte, schoss dieser auf die ankommenden Beamten und tötete einen von ihnen.

Im Dezember 2022 deckten die Sicherheitsbehörden außerdem ein Komplott auf, im Zuge dessen die Bundesregierung entmachtet und der Reichstag gestürmt werden sollte. Hieran beteiligt waren nicht nur ein Prinz und eine ehemalige AfD-Bundestagsabgeordnete, sondern auch zwei vormalige Kommandeure von Spezialeinheiten der Bundeswehr. Selbst wenn die Erfolgsaussichten gering waren, sollte spätestens an diesem Punkt klar geworden sein, dass es sich bei den Reichsbürgern nicht, wie oft behauptet, um «harmlose Spinner»[38] handelt – und dass in ihrer Form von Rückzug in letzter Konsequenz eine Bekämpfung der modernen Welt angelegt ist.[39]

Auf internationale Gewässer

Ein völlig anderer Ansatz kam von amerikanischen Rechtslibertären. Führende Köpfe dieser Bewegung sind in den letzten fünfzehn Jahren zu dem Schluss gekommen, dass Freiheit und Demokratie nicht mehr kompatibel seien und dass das westliche Gesellschaftsmodell in seiner aktuellen Form gescheitert sei. Hieraus entstand eine neue ideologische Strömung namens «Neoreaktion», die absolute Freiheitsrechte mit einer autoritären Staatsstruktur verbindet und – zumindest anfangs – auf einen kompletten Rückzug aus der liberalen Moderne setzt. Das utopischste Projekt, das dieser Denkrichtung entsprang, ist das sogenannte *Seasteading*, bei dem sich Anhänger auf schwimmenden Inseln niederlassen und dort mit neuen Staatsprojekten experimentieren wollen.

Der einflussreichste Denker dieser Tradition ist der amerikanische Programmierer Curtis Yarvin, der als Diplomatensohn einen Großteil seiner Kindheit im Ausland verbrachte, früh als hochbegabt galt und an einer Reihe von Eliteuniversitäten studierte. Bekannt wurde er durch seinen Blog *Unqualified Reservations* («Vorbehaltlose Vorbehalte»), auf dem er zwischen 2007 und 2014 seine politischen Ideen entwickelte. Anders als die meisten rechten Vordenker hat Yarvin (noch) kein Buch veröffentlicht; sein «Werk» besteht aus Blog-Einträgen, die er anfangs noch unter dem Pseudonym «Mencius Moldbug» veröffentlichte. Der Historiker Joshua Tait hält ihn deswegen für den ersten rechtsextremen Philosophen der Internet-Generation – nicht zuletzt, weil sein respektloser, oftmals ironischer Stil und kalkuliertes Brechen von Tabus rechtsextreme Aktivisten stark beeinflusst hat.[40]

Wie ein Großteil der Software-Ingenieure im Silicon Valley war Yarvin zunächst ein gewöhnlicher Libertärer, der staatliche Eingriffe ablehnte und sich viel auf seine Intelligenz und Eigenständigkeit einbildete. Doch besonders nach der Finanzkrise in den Jahren 2007 und 2008, die zu massiven staatlichen Rettungsprogrammen geführt hatte, sowie dem anschließenden Wahlsieg von Barack Obama, der ein staatliches Gesundheitsprogramm einführen wollte, wurde seine Haltung zur Demokratie immer negativer. Aus Yarvins Sicht hatte sich eine linke Elite des Staates bemächtigt und arbeitete an der «Übernahme» der Gesellschaft. Am schockierendsten war seinem Eindruck nach, dass es von Medien und Experten daran kaum Kritik gab. Aus seiner Sicht propagierten praktisch alle Eliten dieselben Wertvorstellungen – speziell in Bezug auf Fortschritt und Gleichheit – und verhalfen sich gegenseitig in mächtige Positionen. Wer ihre Vorstellungen nicht teilte oder gegen sie opponierte, war verpönt und hatte keine Chance, in sie vorzustoßen. Wie Renaud Camus glaubte er nicht an eine Verschwörung: «[Die Eliten] haben kein Zentrum, und es gibt keine Strippenzieher.»[41] Für ihn handelte es sich um ein «sich selbst regulierendes System», in dem sich Medien und Machthaber gegenseitig befruchten. Die Bezeichnung, die er dafür wählte, war «die Kathedrale».[42]

Demokratie sei laut Yarvin unter diesen Bedingungen zur «Simulation» verkommen, und individuelle Freiheit werde zum schwindenden Gut. Die Staatsidee, die er formulierte, ist deshalb keine demokratische. Ihm schwebt ein autoritärer Staat mit wenigen, klar definierten Aufgaben (Justiz, Sicherheit, Verteidigung) vor. Staatschef ist eine Art CEO, der über absolute Macht verfügt und von einem «Aufsichtsrat» kontrolliert wird. Genauso wie in einem Unternehmen gibt es keine demokratische Wahl; «Eigentümer» haben sich Anteile gekauft und profitieren von eventuellen Gewinnen. Im Ergebnis sei dies ein kleiner, aber zu hundert Prozent effizienter Staat, der seinen Bürgern (oder Kunden?) maximale Freiheit garantiere, auch wenn sie keinen direkten Einfluss auf Regierung oder Gesetze hätten. Yarvin bezeichnet diese Mischung aus Aktiengesellschaft und absoluter Monarchie als «Neo-Kameralismus».[43]

Yarvins Verhältnis zur Moderne ist wie bei vielen Rechtslibertären zweideutig: Einerseits lehnt er liberal-moderne Vorstellungen von Gleichheit ab; andererseits idealisiert er aufklärerische Werte wie etwa Vernunft, Rationalität und – natürlich – individuelle Freiheit.[44] Was ihn rechtsextrem macht, ist nicht nur sein Blick auf Demokratie und Autoritarismus, sondern seine Vorstellungen davon, wer Bürger seines «neo-kameralistischen» Staates sein würde. In verschiedenen Kommentaren präsentierte sich Yarvin als Anhänger eines biologischen Rassismus, der bestimmte «Rassen» für intelligenter hielt als andere (wovon er sich später jedoch distanzierte); er verglich den Rechtsterroristen Anders Breivik mit Nelson Mandela; und er machte deutlich, dass Bevölkerungen ethnisch und kulturell homogen sein sollten.[45] Obwohl vieles darauf hindeutet, dass solche Statements nicht immer ernst gemeint waren,[46] zeigen sie deutlich, welche Art von Publikum er suchte.

Zu Yarvins enthusiastischsten Unterstützern gehört der Milliardär und Internet-Investor Peter Thiel, der sein Vermögen unter anderem mit PayPal und Facebook gemacht hat. Genauso wie Yarvin ist Thiel ein Libertärer, der «politische Korrektheit» und den «Gleichheitswahn» ablehnt. Und ähnlich wie Yarvin hatte auch Thiel den Glauben an den demokratischen Prozess verloren. In einem Artikel für ein libertäres Magazin argumentierte er, dass Freiheit und Demokratie im heutigen Amerika «nicht mehr kompatibel» seien.[47] Da beide in der Nähe von San Francisco wohnten, kam es bereits Anfang der 2010er-Jahre zu einem Kennenlernen, aus dem im Laufe der Zeit eine enge politische, intellektuelle und sogar geschäftliche Beziehung entstand (Thiel investierte im Jahr 2014 in Yarvins Firma). Beide waren sich einig, dass politisches Engagement in Amerika keinen Sinn mehr ergab. Ihr gemeinsames Ziel waren «Architekturen des Exits» – also ein systematischer Rückzug aus dem System.[48]

Die ambitionierteste dieser «Architekturen» bestand aus schwimmenden Inseln, mit denen Libertäre der vermeintlichen liberal-modernen Tyrannei entfliehen wollten. Die Idee des *Seasteading* hatte unterschiedliche Wurzeln, geht in ihrer aktuellen Form aber auf den Informatiker und Aktivisten Patri Friedman zurück. Kern der Idee sind schwimmende Städte, die sich aus «Modulen» zusammensetzen und je nach Bedarf miteinander verkuppelt werden. Die so entstehenden «Staaten» befänden sich auf internationalen Gewässern und hätten ihre eigenen Gesetze. Wem der eigene Staat nicht mehr passte, könnte sich mit seinem Modul abkoppeln und einem anderen anschließen. Aus Friedmans Sicht würde hierdurch ein perfekter Markt entstehen – mit der Folge, dass sich im Laufe der Zeit immer bessere, immer freiere Gesellschaften bilden würden. Demokratie war nicht mehr notwendig, da jeder Bewohner jederzeit die Möglichkeit hatte, sich von einem schlechten, ungerechten oder unpassenden Regierungssystem abzusetzen. *Seasteading* war laut Friedman eine «Maschinerie der Freiheit».[49]

Was lediglich wie eine verrückte Utopie klingt, war auch eine – bis Peter Thiel entschied, ihre Umsetzung mit mehreren Millionen Dollar zu unterstützen. Thiel sah in Friedmans *Seasteading* die Verwirklichung der Vision, die Yarvin und er miteinander diskutiert hatten. Es versprach Gesellschaften, deren Betonung auf individueller Freiheit und Selbstverwirklichung lag und die ungefähr so funktionierten wie die «neokameralistische» Mischung aus Unternehmen und absoluter Monarchie, die Yarvin in seinem Blog beschrieb. Thiel hoffte außerdem, dass die schwimmenden Städte eine solche Strahlkraft entwickeln würden, dass sich existierende – das heißt, auf dem Festland befindliche – Staaten an ihnen orientieren würden: «*Seasteading*», so Thiel, «[ist] ein wichtiger Schritt, um die Entwicklung effizienterer, praktischerer Modelle des öffentlichen Sektors auf der ganzen Welt zu fördern.» Mehr noch: «Durch *Seasteading* wird sich das Wesen von Regierungen auf sehr grundlegende Weise ändern.»[50]

Wie sich herausstellte, waren die rechtlichen, politischen und technischen Hindernisse immens. Obwohl Thiel zum wichtigsten Förderer des *Seasteading*-Instituts wurde, das Lösungen für diese Probleme erarbeiten sollte, ging jahrelang nichts voran. Bereits für 2020 hatte man eine erste schwimmende Stadt versprochen, aber bis heute gibt es noch nicht mal ein Pilotprojekt. Es schien, als sei selbst für einen der reichsten Männer der USA die Flucht aus der liberalen Moderne schwieriger als gedacht.

Und in der Tat: Seit dem Wahlsieg von Donald Trump im Jahr 2016 interessierte sich Thiel wieder verstärkt für «konventionelles» politisches Engagement und unterstützte bei vergangenen Wahlen rechts-libertäre Kandidaten wie etwa J. D. Vance, einen prominenten Senator aus Ohio.[51] Auch an Thiels Beispiel wird deshalb deutlich, dass die Entscheidung für «Flucht» oder «Kampf» oftmals pragmatische Gründe hat, sich spontan ändern kann und dass die zwei Strategien nicht unbedingt im Widerspruch zueinander stehen.

6. KAMPF

Für viele Rechtsextremisten kommt ein totaler Rückzug nicht infrage. Statt zu «flüchten», suchen sie die aktive Auseinandersetzung mit der liberalen Moderne, auch wenn sich die Ziele, Mittel und Orte, an denen dieser Kampf stattfindet, zum Teil stark unterscheiden.

Der Traditionalist Julius Evola vertrat eine der radikalsten Auffassungen. Die gleiche intellektuelle Tradition, die René Guénon zum Eintritt in einen sufistischen Orden bewegt hatte, überzeugte Evola von der Notwendigkeit des aktiven Widerstands. Im Gegensatz zu Guénon war für Evola die entscheidende Person im indischen Kastensystem – das beide Männer als Modell für soziale Ordnung bewunderten – nämlich nicht der Priester, sondern der Krieger. Und so argumentierte er, dass selbst in der aussichtslosesten Situation die Pflicht zum physischen Kampf bestehe. Heroische Taten seien wichtiger als Kontemplation und müssten «um ihrer selbst willen» vollzogen werden. Aus seiner Sicht war Kampf nicht bloß Mittel zum Zweck, sondern diente der «Reinigung der Seele».[1] Dies war ein Ethos, das Evola zu seiner Lebenszeit nur bei einer einzigen Organisation verwirklicht sah: Hitlers Waffen-SS.[2]

Evola war nicht der einzige Vordenker, der eine mystische, auf Gewalt fixierte Vorstellung von Kampf propagierte. Auch der französische Philosoph George Sorel war davon überzeugt, dass es ohne Gewalt nicht die notwendige Revolution geben konnte. Sein Bezugspunkt war nicht das indische Kastensystem, sondern sein Landsmann Henri Bergson (1859–1941), dessen Thesen über die Rolle von Intuition und Lebensgeist (*élan vital*) er auf den Straßenkampf übertrug. Jede gewaltsame Auseinandersetzung mit dem Staat – egal ob erfolgreich oder nicht – «vitalisierte» demnach die Bewegung, schweißte sie enger zusammen und stärkte dadurch den Kampfgeist. Gewalt hatte laut Sorel eine kathartische Wirkung, durch die das zentrale Narrativ und Versprechen, also der «Mythos» einer Revolution geschaffen und am Leben gehalten wurde.[3]

Ganz ähnlich sah das auch der Soldat und Schriftsteller Ernst Jünger (1895–1998), der mit seinem Buch über die persönlichen Erlebnisse im Ersten Weltkrieg – *In Stahlgewittern*, in der ersten Fassung 1920 erschienen – Berühmtheit erlangte. Den Krieg schildert Jünger darin als «Urgewalt» und die eigene Beteiligung wie ein großes Abenteuer. Während der Weimarer Republik avancierte er zum Vordenker der Kriegsveteranen und forderte eine Zuspitzung des Konflikts mit der parlamentarischen Demokratie. Obwohl er sich nach der Machtergreifung von den Nazis distanzierte, verkörperte er wie kein anderer den «Frontkämpfermythos» und brachte damit eine wichtige Befindlichkeit rechter Vordenker zum Ausdruck: die Betonung von körperlicher Kraft, Männlichkeit und Heldentum – Aspekte, die zu den eher zivilen und pluralistischen Normen der liberalen Moderne im krassen Widerspruch standen.[4]

Doch es gab auch Ansätze, die nicht – oder nicht ausschließlich – auf Gewalt setzten. Ein Beispiel dafür ist der bereits erwähnte Staatsrechtler Carl Schmitt (1888–1985), der wie Jünger der Konservativen Revolution zugerechnet wird. Schmitt war ein resoluter Gegner des Parlamentarismus und der damit verbundenen Idee, dass jeglicher Konflikt durch parlamentarische Auseinandersetzung «entschärft» und die Bereitschaft zum Kompromiss beigelegt werden konnte. In seinem 1927 publizierten Aufsatz *Der Begriff des Politischen* (der später in erweiterter Fassung auch als Buch erschien) definierte er das Politische als Unterscheidung zwischen Freund und Feind und argumentierte, dass diese Unterscheidung in ihrem «konkreten und existentiellen Sinne» verstanden werden müsse: Wo immer es um Politik gehe, existiere in letzter Konsequenz auch die Möglichkeit eines (physischen) Kampfs.[5]

Auf den ersten Blick mag dies wie eine Rechtfertigung der Gewalt klingen. Doch Schmitt bezweckte etwas anderes. Aus seiner Sicht war eine politische Gemeinschaft nur dann legitim, wenn sie die Unterscheidung zwischen Freund und Feind zu hundert Prozent verkörperte. Liberale Demokratien waren laut Schmitt hierzu niemals in der Lage, denn sie hätten die Tendenz, Konflikte zu «entpolitisieren» und durch den falschen Glauben an Werte wie Gleichheit und Universalität die Grundlagen des Staates so weit zu verwässern, dass am Ende niemand mehr wisse, wofür er eigentlich stehe. «Aus dem politischen geeinten Volk», so Schmitt, werde dadurch «auf der einen Seite ein kulturell interessiertes *Publikum*, auf der anderen teils ein *Betriebs- und Arbeitspersonal*, teils eine Masse von *Konsumenten*.»[6] Ein solcher Staat war laut Schmitt nicht nur notwendigerweise schwach und gespalten – er war auch kein legitimer Staat.

Die vermeintliche Illegitimität der liberalen Demokratie war aus Schmitts Sicht der entscheidende Punkt. Wenn liberale Demokratie und ihre Institutionen gar nicht den «wahren» Willen des Volkes zum Ausdruck brachten, sondern ihn verzerrten oder gar unterdrückten, dann ließen sich alle möglichen Formen des «Widerstands» rechtfertigen. Obwohl er mit Gewalt und den «mystischen» Argumenten von Evola, Sorel oder Jünger wenig anfangen konnte,[7] war Schmitts ultimatives Ziel die Herstellung einer populären Diktatur, deren Zweck darin bestand, entweder eine legitime Verfassung zu bewahren («kommissarische Diktatur») oder eine neue, legitime Ordnung überhaupt erst herzustellen («souveräne Diktatur»).[8] Souverän war laut Schmitt, «wer über den Ausnahmezustand entscheidet»,[9] und auf diese Weise rechtfertigte er – nach ursprünglicher Skepsis – ab 1933 auch die Machtergreifung der Nazis.[10]

Bereits in der ersten Hälfte des 20. Jahrhunderts existierte also eine ganze Reihe von unterschiedlichen Ansätzen und Begründungen für den Kampf gegen das liberal-moderne System. Und auch in den darauffolgenden Jahrzehnten ließ sich rechtsextremer «Widerstand» niemals auf eine einzige Arena oder Methode der Auseinandersetzung reduzieren. Wie sich im Folgenden zeigen wird, haben sich aus den Überlegungen rechter Denker immer wieder neue und zum Teil innovative Strategien entwickelt – und zwar sowohl im Parlament als auch im Internet, auf der Straße und im Untergrund.

Im Parlament

Am Parlamentarismus ließen rechtsextreme Vordenker in aller Regel kein gutes Haar. Wie bereits erwähnt, verwendete besonders Schmitt viel Energie darauf, die vermeintlichen Mängel des parlamentarischen Systems offenzulegen. Seiner Meinung nach produzierten Parlamente keine klaren Entscheidungen, weil am Ende langer, oftmals quälender Debatten in vielen Fällen ein Kompromiss stand, der das eigentliche Problem nicht löste. Ein weiteres Problem sah er darin, dass sich Abgeordnete nicht als Vertreter des Volkes, sondern bestimmter Parteien oder Interessen verstanden, sodass eine Mehrheit im Parlament nicht notwendigerweise dem «Willen des Volkes» entsprach. Laut Schmitt war ein populärer Diktator, der ein gutes Gespür für die öffentliche Meinung besaß und gelegentlich Volksabstimmungen durchführte, demokratischer als jedes Parlament.[11]

Doch im Gegensatz zu Sorel oder Evola, die jegliche Beteiligung am liberalen System verteufelten, sprach sich Schmitt nicht grundsätzlich gegen die Teilnahme an Wahlen aus. In frühen Jahren entwickelte er sogar Ideen für eine Reform des parlamentarischen Systems.[12] Sein kritischer, aber stellenweise pragmatischer Ansatz prägt bis heute die Strategien «rechtspopulistischer» Parteien (siehe nächstes Kapitel). Genauso wie Schmitt erklären diese den Parlamentarismus für ineffizient und elitär. Wenn auch keinen «Diktator», so fordern sie mehr Plebiszite und eine mächtigere Exekutive. Vor allem aber nutzen sie Parlamente als «Plattform», um das liberale System zu diskreditieren und die «Bewegung» außerhalb des Parlaments zu stärken.

Mehrere dieser Elemente lassen sich gut an der Alternative für Deutschland (AfD) erkennen. Als die AfD im Februar 2013 gegründet wurde, war sie zunächst ein Sammelbecken für konservative Kritiker der damaligen Euro-Rettungspolitik. Ihr Initiator, der Wirtschaftsprofessor Bernd Lucke, verstand sich weder als «völkisch» noch als rechtsextrem oder antidemokratisch. Doch seine Partei bekam schon bald Zulauf von Systemgegnern und Leuten, die nach einer «Alternative» weit rechts der Unionsparteien suchten. Als die Partei bei den Bundestagswahlen im September des Jahres 4,7 Prozent erreichte und damit nur knapp an der Fünfprozenthürde scheiterte, war dies ein erster großer Erfolg, der den Wandlungsprozess noch beschleunigte. Im darauffolgenden Jahr zog die AfD mit über sieben Prozent ins Europaparlament ein und gewann bei drei Landtagswahlen in Ostdeutschland sogar um die zehn Prozent.[13]

Bereits in den ersten Jahren wurde erkennbar, dass es sich bei der AfD um keine «normale» Partei handelte. In den

Parlamenten, in denen sie vertreten war, fiel sie selten durch konstruktive Oppositionsarbeit auf; von «komplexen» parlamentarischen Instrumenten, wie etwa Großen Anfragen oder Anträgen, machte sie kaum Gebrauch. Und auch in den Ausschüssen war wenig von ihr zu sehen. Das lag einerseits daran, dass sie über keine politische Erfahrung verfügte.[14] Andererseits war ihr Interesse an ernsthafter Parlamentsarbeit von Anfang an begrenzt. In allen Landtagen, in die sie gewählt worden war, störten ihre Abgeordneten Sitzungen, beleidigten Minister oder zogen «unter großem Tumult» aus Plenarsälen aus. Eine frühe Studie zur Parlamentstätigkeit der AfD kam zu dem Schluss, dass der Partei die eigene Inszenierung wichtiger war als die Substanz: «Im Kern», so die Autoren, «geht es der AfD (...) um Protest und Provokation.»[15]

Diese Tendenz nahm zu, je stärker sich die Rechtsextremen innerhalb der Partei durchsetzten. Deren Einfluss war bereits ab Anfang des Jahres 2015 spürbar und führte im Sommer zu Luckes Sturz. Ihr Anführer war Björn Höcke, ein ehemaliger Gymnasiallehrer und Chef der Landtagsfraktion in Thüringen. Anders als Lucke hatte Höcke ein klar rechtsextremes Weltbild und sah in der liberal-demokratischen Verfassung Deutschlands den Grund für den vermeintlichen Niedergang des Landes. Wie der Soziologe und Publizist Andreas Kemper enthüllte, war Höcke mit einem NPD-Funktionär befreundet, für dessen Zeitschrift er unter dem Pseudonym «Landolf Ladig» mehrere Artikel schrieb. In diesen pries er nationalsozialistische Politikansätze, wie zum Beispiel bei der Bevölkerungspolitik, und behauptete, Deutschland sei in den zwei Weltkriegen von «fremden Mächten» überfallen worden.[16] Auch seine Haltung zum Parlamentarismus war stark ablehnend: AfD-Bundestagsabgeordnete warnte er in einer Rede im Januar 2017 vor dem «Glanz der Hauptstadt» und ermahnte sie zur «inhaltlichen Fundamentalopposition».

Kleinerer Partner in einer Koalition zu sein käme nicht infrage, so Höcke. Nur ein «vollständiger Sieg» könne das Land retten.[17]

Zu Höckes Freunden zählt auch der Verleger Götz Kubitschek, der im sachsen-anhaltinischen Schnellroda neben dem Verlag Antaios das «Institut für Staatspolitik» (IfS) aufgebaut hat, eine Kaderschmiede für die «Neue Rechte».[18] Kubitschek war ein entschiedener Gegner Luckes, weil dieser der angeblich «echten» Opposition das Wasser abgrub. Aus seiner Sicht gehe es nicht um «Anschlussfähigkeit an die Mitte», sondern um größtmöglichen «Widerstand» gegen das liberale System. Dies sei nur dann möglich, wenn sich die AfD nicht als Parlamentspartei, sondern als Teil einer «patriotischen Bewegung» verstehe, zu der auch außerparlamentarische Gruppen wie das IfS, die Identitäre Bewegung, andere rechtsextreme Parteien und die Anhänger von PEGIDA gehörten. Höcke machte sich diese Vorstellung zu eigen und sprach bereits im November 2015 von der AfD als «fundamental-oppositioneller Bewegungspartei».[19]

Spätestens im Jahr 2017 hatten Höckes Mitstreiter den parteiinternen Machtkampf gewonnen und kontrollieren seitdem zwei Drittel des Bundesvorstands. Die AfD hat sich in dieser Zeit fast vollständig von Luckes Idee einer konservativen Parlamentspartei gelöst und verwirklicht stattdessen die Vision der Bewegungspartei. Ziel ist es, «örtliche (...) Widerstandsbemühungen miteinander [zu] vernetzen», um auf diese Weise eine «wirkmächtige Gegenbewegung» zu schaffen.[20] Die Parteigliederungen, mit ihren (staatlich finanzierten) Wahlkreisbüros, Geschäftsstellen und Mitarbeitern, stellen hierfür die personelle und logistische Infrastruktur. Ergebnis sind «lokale Koalitionen», die mit Kampagnen gegen «Migrantengewalt», Flüchtlingsheime oder staatliche Corona-Maßnahmen versuchen, Stimmung zu machen und

Politikverdrossenheit im eigenen Sinne zu bündeln. Sogar Bündnisse mit Linken, sogenannte Querfronten, wie etwa beim Thema Ukrainepolitik, kommen mittlerweile infrage.

Die Parlamentsfraktionen der AfD spielen in dieser Art von Partei nur noch eine Nebenrolle. Aus Sicht von «Bewegungsideologen» wie Höcke und Kubitschek geht es nicht mehr vorrangig darum, eine konstruktive Rolle zu spielen, die Geschäfte der Regierung zu kontrollieren, Gesetze zu beeinflussen oder selbst nach Regierungsverantwortung zu streben. Die vorrangige Aufgabe von parlamentarischer Tätigkeit ist vielmehr, Funktionäre mit Einkommen zu versorgen, Aktivitäten auf der Straße mit öffentlichkeitswirksamen Videoclips zu flankieren und – vor allem – das (liberal-demokratische) System zu delegitimieren. De facto sind die Abgeordneten der AfD deshalb heutzutage wenig mehr als der «parlamentarische Flügel» einer Opposition, die sich vorrangig außerhalb des Parlaments organisiert.

Im Internet

Statt dem «Kampf um die Parlamente» stand für viele Rechtsextreme seit den späten 1960er-Jahren der «Kampf um die Köpfe» im Vordergrund. Wie bereits erwähnt, machten es sich Alain de Benoist und seine Mitstreiter damals zur Aufgabe, die extreme Rechte neu zu erfinden. Einer der wichtigsten Einflüsse war dabei – ironischerweise – der italienische Marxist Antonio Gramsci (1891–1937), der argumentiert hatte, dass Voraussetzung für einen Wandel im politischen System ein Wandel im gesellschaftlichen Diskurs sei. Benoist folgerte daraus, dass sich Rechtsextreme viel stärker an gesellschaftlichen Debatten beteiligen sollten.[21] Ihr erstes und wichtigstes Ziel müsse sein, das «kulturelle Monopol der Linken» zu brechen. «Geschichte ist das Ergebnis des Willens und Handelns von Menschen», schrieb er, «aber dieser Wille und dieses Handeln sind das Ergebnis von Überzeugungen, vom Glauben und von [Ideen].»[22] Diese Ideen zu fördern und zu verbreiten wurde zur Hauptaufgabe des französischen *Groupement de recherche et d'études pour la civilisation européenne* (Forschungs- und Studiengruppe zur Europäischen Zivilisation, kurz GRECE), das Benoist daraufhin gründete.[23]

In den folgenden Jahrzehnten avancierte GRECE zum wichtigsten Motor der Intellektualisierung der extremen Rechten. Zum Durchbruch in den Mainstream kam es allerdings erst mit der Expansion des Internets. Rechtsextreme Vordenker wie der Amerikaner Louis Beam hatten bereits in den frühen 1990er-Jahren das Potenzial der neuen Technologie für die eigene Vernetzung erkannt: «Der Computer», so schrieb er damals, «wird alle Köpfe der patriotischen Bewegung (...) an einem Ort zusammenbringen.»[24] Zum wichtigsten Instrument wurden ab den späten 2000er-Jahren die sozialen Medien, mit deren Hilfe die Mainstream-Medien quasi über Nacht ihre «Gatekeeper»-Funktion verloren. Und mehr noch: In der neuen, von «Empörungsspiralen» dominierten Medienlandschaft war Extremismus nicht nur kein Hindernis, sondern von Vorteil. «Wenn du jedem ein Mikrofon in die Hand gibst», so ein ehemaliger Facebook-Manager, «dann hörst du alle Stimmen. Und die verrücktesten sind meistens die lautesten.»[25]

Einer der Pioniere dieses neuen, rechten «Kulturkampfs» war der 1984 geborene Brite Milo Yiannopoulos. Yiannopoulos wusste vermutlich kaum etwas über rechtsextreme Ideologie und hatte wahrscheinlich noch nie von Benoist gehört, als er im Jahr 2014 als Reporter bei der konservativen Nachrichten- und Meinungswebsite *Breitbart* anfing. Doch *Breitbart* verfolgte eine ähnliche Strategie wie Benoist,[26] und

Yiannopoulos merkte bald, dass es besonders in der Gaming-Community Hunderttausende von jungen, weißen Männern gab, die für rechte Botschaften empfänglich waren, weil sie sich von linken Gleichheitsansprüchen, Feminismus und Diversität immer stärker in die Enge getrieben fühlten. Zuerst im Internet und später auch bei Veranstaltungen legte er sich deshalb systematisch mit Linken, Feministinnen und Angehörigen von Minderheiten an. Seine Provokationen waren oftmals krude, beleidigend und fast immer «politisch inkorrekt». Vielfach versuchte er dabei, den Spieß umzudrehen, und warf seinen Gegnern «antiweißen Rassismus» vor. Die furiose Art, mit der er sich dabei in Szene setzte, machte ihn innerhalb kurzer Zeit zum rechtsextremen «Super-Influencer». Er selbst bezeichnete sich als «fabelhaftesten Superschurken der Welt».[27]

Vorwürfe, er sei ein «Nazi» oder «Faschist», prallten an Yiannopoulos ab, denn er ist Sohn einer Jüdin, offen schwul, und sein damaliger Lebensgefährte – und späterer Ehemann – ist Afroamerikaner. Mit biologischem Rassismus wollte er nichts zu tun haben.[28] Trotzdem war seine Karriere relativ kurz: Bereits im Jahr 2016 wurde er von Twitter verbannt, wenig später folgten YouTube und Facebook. Als er im darauffolgenden Jahr den sexuellen Missbrauch von Minderjährigen zu rechtfertigen schien, verlor er außerdem einen Großteil seiner konservativen Fans.

Obwohl sich seine Karriere hiervon niemals erholte, lieferte er eine Reihe von Impulsen für die weitere Entwicklung des digitalen «Kulturkampfs». Der erste war, dass eine ganze Generation von rechten und rechts-libertären Internetpersönlichkeiten seinem Vorbild nacheiferte.[29] Genauso wie Yiannopoulos geht es ihnen darum, vermeintliche Tabus zu brechen: Viele sind gegen Einwanderung, den Islam und linke «Sprechverbote», verurteilen aber (biologischen) Rassismus.

Und ähnlich wie Yiannopoulos haben sie häufig Lebensläufe oder kommen aus Umfeldern, die sie dem Rechtsextremismus scheinbar unverdächtig machen. Hierzu gehören etwa die afroamerikanische Aktivistin Candace Owens, die behauptet, Liberale seien die «wirklichen Rassisten»,[30] oder die Kanadierin Lauren Southern, die durch ein Video mit dem Titel «Why I'm not a Feminist» («Warum ich keine Feministin bin») bekannt wurde.[31] Was sie eint, ist die Bereitschaft zur Provokation, eine massive Präsenz in den sozialen Medien und die Selbstwahrnehmung als «Freiheitskämpfer» gegen eine linke «Meinungsdiktatur».

Zweitens half Yiannopoulos dabei, noch extremere Positionen als seine eigene zu «normalisieren». Dies betraf vor allem die sogenannte Alternative Rechte – oder *Alt-Right* – des Aktivisten Richard Spencer, der offen rassistische und antisemitische Positionen bezog.[32] Ganz wie von Benoist gefordert, begriff Spencer seine Aufgabe als rechten «Kulturkampf», und ähnlich wie die «Identitären» verwendete er viel Energie darauf, seine Ideen attraktiv darzustellen und sie möglichst weit in den sozialen Medien zu verbreiten.[33] Wie sich herausstellte, hatten er und Yiannopoulos engen Kontakt, trafen sich in Bars und koordinierten die Veröffentlichung eines *Breitbart*-Artikels, der die Bewegung als positiv und spannend darstellte.[34] Zur Abgrenzung kam es erst, als Spencer bei einer Veranstaltung nach dem Wahlsieg von Donald Trump «Heil Trump!» brüllte und zweihundert seiner Anhänger den Hitlergruß zeigten. Doch zu diesem Zeitpunkt waren seine Ideen bereits in aller Munde.[35]

Nicht zuletzt erkannte Yiannopoulos früher als andere die potenzielle Macht von Online-Subkulturen – ganz besonders solchen, die sich in anonymen Internetforen wie etwa Reddit oder 4Chan zusammengefunden hatten. Wie erwähnt, bestehen solche Foren größtenteils aus jungen Männern, die zwar über kein gefestigtes politisches Weltbild verfügen, aber politischen Eliten generell misstrauen und sich vom linksliberalen Zeitgeist bedroht fühlen.[36] Sie sind ein perfekter Nährboden, auf dem nicht nur die Incel-Bewegung (siehe Kapitel 2), sondern auch das Phänomen QAnon entstanden ist.

Bei QAnon handelt es sich um eine Verschwörungstheorie, die erstmals 2016 während des Präsidentschaftswahlkampfs zwischen Donald Trump und Hillary Clinton auftauchte und vor allem über die Plattform 4Chan verbreitet wurde («Q» ist das vom Autor der Posts verwendete Pseudonym, «Anon» eine Bezeichnung für anonyme Nutzer). Nach Aussage von Q bekämpft Trump einen Ring satanischer Kinderschänder, der von globalen Eliten und dem «tiefen Staat» (*deep state*) geschützt werde. Trump repräsentiert demnach das «Gute», während seine liberalen Gegner wie etwa Clinton oder der jüdische Investor und Philanthrop George Soros für das «Böse» stünden. Was die Erzählung so brisant machte: Q erweckte den Eindruck, dass er eine Art «Whistleblower» sei, der innerhalb der Regierung arbeite und Zugang zu geheimen Informationen habe. Wie sich mittlerweile herausgestellt hat, ist dies falsch: Linguistische Analysen haben gezeigt, dass hinter Q in Wirklichkeit zuerst ein südafrikanischer Programmierer und anschließend der Amerikaner Ron Watkins steckte, dessen Vater das Forum 8Chan gehörte (wo ab dem Frühjahr 2018 alle Botschaften erschienen).[37]

Dennoch wurde Q innerhalb kurzer Zeit zu einer weltweiten Sensation, und sogar Trump signalisierte mehrfach seine Sympathie und Unterstützung. Im Wahljahr 2020 hatte sich eine massive Bewegung gebildet, die mehrere Anhänger zu Gewalttaten inspirierte und beim «Sturm auf das Kapitol» in Washington im Januar 2021 eine zentrale Rolle spielte.[38] Und obwohl es von Q selbst seit dieser Zeit keine Nachrichten mehr gibt, ist das Phänomen nach wie vor populär. Sogar in

Deutschland gibt es mittlerweile Tausende von Anhängern, die in den vergangenen Jahren an Protesten gegen die Anti-Corona-Maßnahmen teilgenommen haben und am versuchten «Sturm auf den Reichstag» im August 2020 beteiligt waren.[39] Nach Aussage der Terrorismusforscherin Rita Katz ist QAnon inzwischen zu einem «globalen gesellschaftlichen Virus [geworden], das alles verbreiten kann: von Anti-Impf-Desinformation über Corona-Verschwörungstheorien bis hin zu politischen Botschaften.»[40]

Auch wenn es mit Benoists Vorstellungen nur noch wenig zu tun hatte, ist QAnon deshalb letztlich ein – wenn auch sehr kruder – Ausdruck des neuen, vor allem digital geführten «Kulturkampfs». Möglich wurde dieser nicht in erster Linie als Ergebnis der jahrzehntelangen Arbeit von GRECE, sondern durch das Aufkommen eines Mediums, von dem seine Erfinder noch in den 1990er-Jahren hofften, es würde eine neue Ära der «athenischen Demokratie» einläuten.[41] Wie sich herausstellte, bahnte es auch rechtsextremen Akteuren – und ihren Ideen – den Weg in den öffentlichen Diskurs.

Auf der Straße

Im Vergleich zu QAnon wirken rechtsextreme Straßenbewegungen fast schon altbacken. Für derartige Gruppen und die Art von Auseinandersetzung, an der sie beteiligt sind, existiert anders als beim digitalen «Kulturkampf» keine Theorie – sehr wohl aber eine Tradition. Diese entstand, wie so häufig, nach Ende des Ersten Weltkriegs und basierte auf zwei Einflüssen: einerseits einem «Überschuss» an heimkehrenden Kriegsveteranen, die durch ihre Erfahrung brutalisiert waren und oftmals keine Chance auf eine reguläre Arbeit hatten; andererseits der Öffnung rechtsextremer Bewegungen gegenüber der städtischen Arbeiterklasse. Aus dieser Kombination entstanden, zuerst in Italien und wenig später in vielen anderen europäischen Ländern, paramilitärische Gruppen wie etwa die «Schwarz-» oder «Braunhemden», die die direkte, oftmals physische Auseinandersetzung mit dem politischen Gegner suchten und dadurch das Selbstbewusstsein der neuen, nationalistischen Bewegungen zum Ausdruck brachten. Für alle sollte sichtbar sein: Die Straße gehört uns!

Natürlich lässt sich das Phänomen nicht eins zu eins auf die Gegenwart übertragen. Die meisten Mitglieder heutiger rechtsextremer Protestbewegungen tragen keine Uniform, und nur die wenigsten orientieren sich bewusst am Faschismus. Doch schufen Mussolinis «Schwarzhemden», wie etwa der amerikanische Historiker Robert Paxton gezeigt hat, ein Repertoire an Aktionsformen,[42] das sich bis zu einem gewissen Punkt verallgemeinern lässt. Damals wie heute gehören dazu die offene Zurschaustellung von zahlenmäßiger Stärke, die Beanspruchung von Territorium und – nicht zuletzt – die aktive, oftmals physische Konfrontation mit dem politischen Gegner.

Ein gutes Beispiel ist die *English Defence League* (EDL), die im Frühjahr 2009 entstand und während ihres Höhepunkts in den Jahren 2010 und 2011 Dutzende von Demonstrationen mit Tausenden von Teilnehmern in ganz England organisierte.[43] Ihr Ursprung lag in der Stadt Luton nahe London, wo eine salafistische Gruppe im März 2009 eine Demonstration gegen das britische Militär organisiert hatte, bei der Soldaten beschimpft und beleidigt wurden. Die Aufregung war groß, und so bildete sich wenige Wochen später eine Bürgerinitiative, die nicht nur gegen die Salafisten aus Luton, sondern gleichzeitig gegen die «Islamisierung Großbritanniens» auf die Straße ging.

Die Organisatoren kamen mehrheitlich aus der Hooligan-

Szene und hatten zum Teil enge Verbindungen zur extremen Rechten. Zu ihrem Anführer wurde Tommy Robinson, ein vorbestrafter Gewalttäter und ehemaliges Mitglied der rechtsextremen British National Party. Seine Auftritte und Interviews sowie die landesweite Berichterstattung über die Situation in Luton führten dazu, dass sich innerhalb kurzer Zeit ähnliche Initiativen in anderen Teilen Englands bildeten.[44]

Bis Ende des Jahres 2011 organisierte die EDL, die aus dem Zusammenschluss dieser Gruppen entstand, über dreißig Demonstrationen mit durchschnittlich etwa tausend Teilnehmern.[45] Laut Schätzungen gehörten zum engeren Unterstützerkreis etwa 30 000 Personen, in den sozialen Medien hatte die Gruppe am Ende ungefähr 200 000 Follower.[46] Anhänger der EDL waren größtenteils jung, männlich und stammten aus der englischen Arbeiterklasse. Wie die britische Soziologin Hilary Pilkington gezeigt hat, ging es vielen gar nicht primär um das Thema islamistischer Extremismus. Ihr eigentlicher Antrieb war das Gefühl der Entfremdung von einer «diversen», sich schnell wandelnden und besonders auf das Fortkommen historisch benachteiligter Minderheiten bedachten Gesellschaft, in der sich viele nur noch wie «Bürger zweiter Klasse» vorkamen.[47]

Robinson selbst reflektierte dies in einem Interview: «In [Luton] gab es noch nie etwas, das feiert, wer wir [weiße Engländer] sind (...) Englische Kinder gehen mit gesenktem Kopf, als sollten sie sich dafür schämen, wer sie sind (...). Jetzt füllt die *English Defence League* dieses riesige Vakuum, und die Leute kommen und sagen: ‹Ja, scheiß drauf, das bin ich, das füllt mein verdammtes Vakuum›.»[48] Pilkington beschrieb das Phänomen als einen «Backlash gegen den Multikulturalismus», der sich oftmals an negativen persönlichen Erfahrungen und lokalen Spannungen festmachte und von der EDL in eine Konfrontation sowohl mit Muslimen als auch dem Staat – der die Muslime angeblich schützte – gelenkt wurde.[49]

Robinson versuchte mehrfach sogar, seine Organisation als «antirassistisch» zu positionieren. Eine seiner ersten Aktionen bestand darin, öffentlich eine Hakenkreuzflagge zu verbrennen. Dabei erklärte er: «Wir sind keine Nazis, wir sind keine Faschisten. Wir werden die Nazis genauso zerschlagen wie den militanten Islam.»[50] Doch obwohl die EDL für Nichtweiße offen war und sich tatsächlich eine kleine Zahl von Schwarzen, Sikhs, Hindus und Juden an den Demonstrationen beteiligte,[51] war die Gruppe alles andere als pluralistisch. Ihre Einstellung war von Beginn an stark islamfeindlich, was sich daran zeigte, dass die EDL eben nicht nur gegen den «militanten Islam» demonstrierte, sondern gegen alle Formen der vermeintlichen «Islamisierung», darunter den Bau von Moscheen und selbst den Vertrieb von Halal-Fleisch. Wie Robinson bei vielen Gelegenheiten erklärte, sei die Wurzel des Problems «der Islam» und eine Integration von Muslimen in die britische Gesellschaft unmöglich.[52] Vielen Anhängern ging selbst dies nicht weit genug: Wie sich auf den Facebook-Seiten der Gruppe erkennen ließ, richtete sich ihr Hass nicht nur gegen Muslime, sondern gegen praktisch alles, was ihnen «fremd» vorkam.[53]

Von Anfang an kam es bei Demonstrationen deshalb fast immer zu Ausschreitungen, häufig im Anschluss an die eigentliche Veranstaltung und in vielen Fällen gegen völlig Unbeteiligte. Bei manchen Protestzügen schien es so, als bestünde ihr einziger Zweck darin, eine Art «Bürgerkrieg» zu provozieren. Und in der Tat: Einzelne Teilnehmer verprügelten Passanten, zündeten Geschäfte an und pinkelten gegen Moscheen. Zwei Anhänger planten Ende 2011 sogar, eine Moschee in die Luft zu sprengen.[54] Je undisziplinierter die Organisation wurde, desto stärker versuchte die Führung, aus dem

Gewalt- und Einschüchterungspotenzial Kapital zu schlagen. Gemeinden, deren Beschlüsse ihr nicht passten, wurden mit der Androhung weiterer Märsche unter Druck gesetzt. Und in London etablierte die EDL eine Art Bürgerwehr, die mit Patrouillen in zwei Stadtbezirken für «Ordnung» sorgen sollte. Auf ihrem Höhepunkt, so die Forscher Dominic Alessio und Kristen Meredith, war die EDL kaum noch von Mussolinis «Schwarzhemden» zu unterscheiden.[55]

Für den Niedergang der EDL ab dem Jahr 2012 gibt es unterschiedliche Erklärungen. Einige betonen die Rolle von Robinson, der wegen verschiedener Straftaten mehrere Gefängnisstrafen absitzen musste und deswegen an der Spitze der Organisation für lange Zeit fehlte. Andere argumentieren, dass die Organisation zu schnell expandiert war und dadurch immer heterogener wurde.[56] In beiden Fällen waren die Folge interne Machtkämpfe und immer weniger Kontrolle über Botschaft und Mitglieder.

Das bedeutet jedoch nicht, dass die EDL keine Spuren hinterließ. Überall in Europa bildeten sich Ableger, etwa die *Danish Defence League* oder die *Norwegian Defence League*; und sowohl die deutsche PEGIDA als auch andere islamfeindliche Straßenbewegungen orientierten sich an ihrem Vorbild. Nicht zuletzt demonstrierte die Organisation, wie fließend der Übergang zwischen gewaltfreiem Aktivismus, Einschüchterung, Hassgewalt und sogar Terrorismus sein kann. Das wurde spätestens seit dem Anschlag des norwegischen Terroristen Anders Breivik deutlich, der an EDL-Märschen teilgenommen hatte und mit einem Anführer in engem Kontakt stand. Vier Monate vor seiner Tat im Juli 2011 beschrieb Breivik die Gruppe als «Inspiration» und «Segen für ganz Europa».[57]

Im Untergrund

Obwohl Breiviks Anschlag für viele Europäer als Schock und Überraschung kam, war seine Handlungslogik alles andere als neu. Der wichtigste Einfluss war das Werk des amerikanischen Neonazis William Pierce, der, wie beschrieben, mit seinem Roman *The Turner Diaries* im Jahr 1978 eine Art «Drehbuch» dafür geschrieben hatte, wie es dem «nationalen Widerstand» in einer scheinbar hoffnungslosen Situation durch Initiative und Tatkraft gelingen konnte, das Blatt zu seinen Gunsten zu wenden. Darin enthalten ist eine Strategie, die das Vorgehen rechtsextremistischer Terroristen auf beiden Seiten des Atlantiks bis heute prägt. Ihr Ziel ist, durch terroristische Anschläge einen «Rassen-» oder «Bürgerkrieg» zu entfachen, in dessen Laufe sich die weiße – oder «europäische» – Bevölkerung radikalisiert und auf die Seite der Rechtsextremen schlägt. Ab den späten 1980ern setzte sich in diesem Zusammenhang immer stärker der Modus Operandi des Einzeltäters – oder «einsamen Wolfs» – durch.[58] Der amerikanische Rechtsextremist Louis Beam erfand hierfür die Doktrin des «führerlosen Widerstands», an der sich Terrornetzwerke wie etwa *Blood and Honour* und *Combat 18* orientierten.[59]

Eine zweite, mit Pierce' Ideen zwar prinzipiell kompatible, aber dennoch lange Zeit wenig beachtete Tradition sind rechte Spielarten des Akzelerationismus. Wie im ersten Kapitel erwähnt, war schon Evola nach dem Ende des Zweiten Weltkriegs zu dem Schluss gekommen, dass die liberale Moderne nicht von außen zerstört werden könne, sondern sich irgendwann selbst zerstören würde. Den «Tiger» der liberalen Moderne zu «reiten», bis er erschöpft am Boden liegt – mit anderen Worten: die destruktiven Kräfte der liberalen

Moderne zu befördern, statt sie zu bekämpfen –, wurde zum Motiv italienischer Rechtsterroristen in den Nachkriegsjahrzehnten, geriet aber nach ihrem Scheitern relativ schnell in Vergessenheit.[60]

Dies änderte sich erst Jahrzehnte später, und der Grund dafür war neben der allgemeinen Debatte über die Konsequenzen des technologischen Wandels[61] die Wiederentdeckung eines obskuren Newsletters namens *Siege* («Belagerung») aus den frühen 1980er-Jahren. Verfasst wurde er von dem amerikanischen Neonazi James Mason, der darin eine neue Strategie des gewaltsamen «Widerstands» entwickelt hatte. Masons erklärtes Ziel war der «vollständige Kollaps der amerikanischen Gesellschaft», denn nur auf Basis von Chaos ließ sich seiner Meinung nach ein Staat für Weiße verwirklichen. Dabei war es völlig egal, ob der Kollaps vom «nationalen Widerstand» selbst oder von anderen Kräften herbeigeführt würde: «Alles, was an dieser Stelle zu Spannung, Chaos und Anarchie beiträgt, kann uns auf Dauer nur helfen», so Mason.[62]

Zusätzlich zu eigenen Anschlägen und Mordkampagnen, wie von Pierce propagiert, sollte der «nationale Widerstand» deshalb auch den «Widerstand» seiner vermeintlichen Gegner – beispielsweise von Kommunisten oder schwarzen Nationalisten – fördern und Bündnisse mit ihnen eingehen. Anschläge auf kritische Infrastruktur, wie etwa Stromnetze oder Telefonleitungen, waren ebenfalls gewünscht. Einige Jahre lang stand Mason sogar mit dem Sektenführer und Satanisten Charles Manson im Kontakt, für den er Bewunderung ausdrückte.[63] Selbst vielen seiner Mitstreiter war dies zu radikal, und so blieben seine Ideen jahrelang größtenteils unbeachtet.

Obwohl bereits im Jahr 1992 ein Buch mit Masons gesammelten Newslettern erschien, interessierten sich Rechtsextreme erst in den 2010er-Jahren wieder für seine Ideen. Dazu trug maßgeblich die Veröffentlichung in dem Internetforum *Iron March* bei. Dieses Forum existierte in den Jahren 2011 bis 2017 und wurde von einer Person betrieben, die wahrscheinlich in Moskau lebt. *Iron March* bekannte sich offen zum Faschismus, glorifizierte rechten Terrorismus und hatte zum Ziel, Neonazis aus verschiedenen Ländern miteinander zu vernetzen. Auf seinem Höhepunkt hatte es über tausendzweihundert Mitglieder und wurde von Neonazigruppen aus neun Ländern offiziell unterstützt.[64] Wenn es jemals so etwas wie eine «braune Internationale» gab,[65] dann hier.

Im Jahr 2015 bildete sich auf *Iron March* eine – zunächst virtuelle – Gruppe, die sich *Atomwaffen Division* (AWD) nannte. Trotz des deutschen Namens handelte es sich vorrangig um Amerikaner, die ganz im Sinne von Masons Strategie zur Tat schreiten und einen gewaltsamen Umsturz herbeiführen wollten. Viele Mitglieder waren sehr jung – oftmals noch Teenager – und hatten ihren Weg in das Forum über die Gaming-Community gefunden. Natürlich stellte die Gruppe, die auf maximal achtzig Mitglieder geschätzt wurde,[66] keine ernsthafte Gefahr für die staatliche Ordnung in den Vereinigten Staaten (oder anderswo) dar, doch die Aktivitäten, die sie in den darauffolgenden Jahren entfaltete, waren klar terroristisch. In den Jahren 2017 und 2018 verübten Mitglieder fünf Morde und begingen mehrere Mordversuche. Mit vorgetäuschten Notrufen versuchten sie, Chaos zu stiften und prominenten Gegnern die Polizei auf den Hals zu hetzen. Außerdem planten sie mehrere Anschläge auf kritische Infrastruktur wie etwa Stromnetze und horteten große Mengen an Sprengstoff.[67] Zum Verhängnis wurde der Gruppe die offene, dezentrale Organisationform, die sich vom FBI relativ leicht infiltrieren ließ. Das Ergebnis: Anfang des Jahres 2020 war praktisch die gesamte Führungsriege in Haft.[68]

Mason war bei alldem mehr als nur eine Inspiration. Von

Anfang an bezog sich die *Atomwaffen Division* auf seine Schriften und betrachtete seinen Newsletter *Siege* als ideologischen Leitfaden. Jedes Mitglied musste nachweisen, ihn gelesen zu haben, und wann immer sich die Gruppe zu sogenannten *Hate Camps*, «Hasslagern», traf, standen nicht nur Waffentraining und Schießübungen auf dem Programm, sondern auch *Siege*. Nach einem internen Machtkampf und Führungswechsel im Frühjahr 2017 wurde die Beziehung noch enger. Mitte des Jahres traf sich ein Dutzend Mitglieder mit ihrem Vorbild und posierte für ein Gruppenfoto, auf dem Mason eine Nazi-Uniform trug. Von diesem Punkt an fungierte Mason als ideologischer «Mentor», der zwar niemals persönliche Verantwortung für ihre Taten übernahm, die Gruppe aber mehrfach und in enthusiastischen Tönen lobte.[69] Als die *Atomwaffen Division* im März 2020 aufgelöst wurde, war es Mason, der dies in einem persönlichen Statement bekannt gab.[70]

Der Einfluss von Masons akzelerationistischen Ideen war damit jedoch nicht zu Ende. Bereits im Sommer des Jahres gab er einer Nachfolgeorganisation seinen Segen, und etwas später tauchte auch wieder eine Gruppe mit dem Namen *Atomwaffen Division* auf (wobei Mason jede Verbindung zu ihr bestritt). Im Ausland hatten sich weitere Organisationen gebildet: in Großbritannien die *Sonnenkrieg Division* und in Estland eine *Feuerkrieg Division*, die Unterstützer in Lettland, Norwegen, den Niederlanden und Belgien hatte. Auch in Deutschland gab es Anhänger. Bei Stephan Balliet, der im Oktober 2019 einen Anschlag auf die Synagoge in Halle verübte, fand man Propagandamaterial der *Atomwaffen Division*.[71] Im darauffolgenden Jahr wurde ein dreiundzwanzigjähriger Mann aus Bayern verurteilt, weil er im Namen der *Feuerkrieg Division* einen Anschlag auf eine Moschee geplant hatte.[72] Und im Jahr 2022 kam es zu bundesweiten Razzien gegen mutmaßliche User von *Iron March.*[73] Kurzum: Auch wenn die Gruppe in ihrer ursprünglichen Form scheiterte, hatte sich Masons ideologischer «Virus» weit über Amerika hinaus verbreitet. Mehr als vierzig Jahre nach Veröffentlichung von *Siege* ist seine Form von akzelerationistischem Terror deswegen heute populärer denn je.

«Kampf» kann für Rechtsextreme also völlig unterschiedliche Dinge bedeuten. Die Orte, an denen er ausgetragen wird, reichen vom Parlament bis in den Untergrund; ihre Methoden können friedlich, aber auch (extrem) gewaltsam sein; und die Übergänge zwischen verschiedenen Aktionsformen sind oftmals fließend. Die dahinterstehende Logik hat sich jedoch seit Jahrzehnten nicht fundamental verändert. Was sie kennzeichnet, ist die Ablehnung einer vermeintlich überbordenden liberalen Moderne, die mit ihrem Drängen nach Gleichheit, Fortschritt, Individualismus und Universalismus zu zerstören droht, was ihrer Meinung nach richtig und «natürlich» ist. Und wo Ängste und Angstmacher aufeinandertreffen, dort entsteht rechtsextremes Potenzial.

7. MACHT

Was passiert, wenn Rechtsextreme ihren «Kampf» gewinnen? Beobachter, die bei jedem Wahlsieg rechter Parteien eine Rückkehr des Faschismus prophezeien, machen es sich zu leicht. Denn nur die wenigsten dieser Parteien begreifen sich als Teil der faschistischen Tradition oder wollen an sie anknüpfen. Das Phänomen des Rechtspopulismus, das im Laufe des letzten Jahrzehnts in Europa und Amerika immer stärker geworden ist, stellt eine neue und in vielerlei Hinsicht andere Herausforderung dar. Seine Präsenz im Parteiensystem hat zwar vielfach rechtsextreme Ansichten «normalisiert», Regierungsbildungen erschwert und in einigen Fällen das gesamte System destabilisiert, doch erst seit kurzer Zeit artikulieren Rechtspopulisten eine stimmige programmatische Vision, mit der sich Macht begründen und Politik in einer demokratischen Gesellschaft gestalten lässt.

Obwohl Sozialwissenschaftler Formen des Extremismus bereits in den späten 1960er-Jahren als «normale Pathologie» beschrieben,[1] waren rechtsextreme, rechtspopulistische oder rechtsradikale Parteien in Europa und Amerika jahrzehntelang größtenteils irrelevant. Unmittelbar nach dem Zweiten Weltkrieg kam es zu mehreren Versuchen, faschistische Parteien weiterzuführen oder neu zu gründen, doch diese wurden entweder verboten oder erzielten Wahlergebnisse im niedrigen einstelligen Bereich. Erst ab Mitte der 1950er-Jahre traten dann Rechtspopulisten in Erscheinung. Eines der frühesten Beispiele war die Union de défense des commerçants et artisans (Union zur Verteidigung der Händler und

Handwerker) des Franzosen Pierre Poujade, die 1956 mehr als fünfzig Sitze der Nationalversammlung gewann, aber bei den darauffolgenden Wahlen wieder verlor. Ab den 1980er-Jahren konnte sich eine Reihe von rechtspopulistischen Parteien dauerhaft etablieren, am prominentesten der französische Front National (seit 2018 Rassemblement National), die italienische Lega Nord und die Freiheitliche Partei Österreichs (FPÖ).[2] Doch in vielen Ländern dauerte es bis in die 2000er-Jahre – in Deutschland und Spanien sogar bis in die 2010er –, bis solche Parteien permanenter Bestandteil des jeweiligen Systems wurden. Und in nur sieben westlichen Ländern trugen sie bisher Regierungsverantwortung – mit einer Ausnahme allesamt nach der Jahrtausendwende.[3]

Ein Grund für die Volatilität populistischer Parteien liegt in ihrer Natur. Wie der Sozialwissenschaftler Seymour Lipset bereits Anfang der 1970er zeigte, ist der Populismus keine Ideologie oder Denkrichtung, sondern eine politische Strategie, bei der es darum geht, sich als Vertreter «wahrer» Volksinteressen gegen vermeintliche Eliten – «die da oben» – in Szene zu setzen. Besonders *Rechts*populisten betrachten Intellektuelle häufig als Gegner und sind davon überzeugt, dass es für alle politischen Probleme «einfache Lösungen» gibt.[4] Die Konsequenz ist, dass populistische Parteien außer Slogans und vagen Forderungen nach Volksabstimmungen und einer mächtigeren Exekutive programmatisch meist wenig zu bieten haben.[5] Wenn sie bei Wahlen erfolgreich sind, wie beispielsweise die AfD (siehe Kapitel 6), werden sie schnell zu Sammelbecken für Opportunisten und Extremisten. Und in Regierungspositionen sind sie von der Komplexität politischer Probleme oftmals überfordert.

Zu diesem Schluss kamen auch rechte Vordenker im Laufe der Präsidentschaft von Donald Trump. Die Wahl eines Rechtspopulisten wurde zwar begrüßt, aber seine vermeintliche Unfähigkeit, rechte Vorstellungen im Weißen Haus konsequent voranzutreiben – oder sie überhaupt zu artikulieren –, trieb viele zur Verzweiflung.[6] Aus ihrer Sicht war Trumps Präsidentschaft eine vertane Chance, und der Grund dafür lag, so die Diagnose, neben seiner Charakterschwäche und mangelnden Disziplin vor allem im Fehlen einer inhaltlichen Vision. «Ich glaube nicht, dass er ein Konservativer ist», so etwa der Publizist Rich Galen, «und er selbst glaubt es vermutlich auch nicht.»[7] Ab etwa 2017 unternahm eine Reihe rechter Intellektueller deshalb den Versuch, eine solche Vision zu entwickeln. Diese sollte den Vormarsch liberal-moderner Werte umkehren, aber gleichzeitig mit Demokratie, Rechtsstaat und freien Wahlen kompatibel sein. Ihr Ziel war nicht die Rückkehr des Faschismus, sondern die Schaffung einer Art «illiberaler Demokratie».

Den ersten programmatischen Baustein dafür lieferte der israelische Philosoph Yoram Hazony. Sein im Jahr 2018 erschienenes Buch *The Virtue of Nationalism* (*Nationalismus als Tugend*) ist ein Versuch, die Idee des Nationalismus zu rehabilitieren und wieder stärker in den Mittelpunkt staatlichen Handelns zu rücken. Hazony argumentiert darin, dass Nationalismus kein Widerspruch zu Demokratie, einem funktionierenden Rechtsstaat und individueller Freiheit sei, sondern gemeinsame Regeln, Institutionen und gesellschaftlichen Frieden überhaupt erst möglich mache. Nicht Nationalismus habe die Kriege und Katastrophen des 20. Jahrhunderts verursacht, sondern ein (Werte-)Imperialismus, der im Namen abstrakter Ideen «natürliche» Identität zerstörte und fremde Völker zu dominieren versuchte.[8] Für Nationalstaaten sei das wichtigste Ziel deshalb die Bewahrung der eigenen Souveränität. Die Welt funktioniere am besten, so Hazony, wenn «Nationen ohne fremde Einmischung ihren eigenen unabhängigen Kurs fahren können, ihre eigenen Traditionen pflegen und ihre eigenen Interessen verfolgen».[9]

Das zweite Element kam im Jahr darauf von dem amerikanischen Theologen R. R. Reno. Genauso wie Hazony beklagt er in seinem Buch *Return of the Strong Gods* («Rückkehr der starken Götter») die zerstörerischen Kräfte der liberalen Moderne und bezeichnet die Art von Gesellschaft, die durch ihre Ausbreitung entstehe, als «obdachlos».[10] Doch anders als Hazony betont er zwei weitere Faktoren, die er wegen ihrer Bedeutung für den gesellschaftlichen Zusammenhalt «starke Götter» nennt. Der erste ist die «traditionelle Familie», die gegen neue Gleichheitsansprüche und die «progressive Agenda» um jeden Preis verteidigt werden müsse. Der zweite ist «das Göttliche», denn jede Form von staatlicher Ordnung benötige einen «transzendentalen Mythos». Wenn auch unter demokratischen Vorzeichen, so formulierte Reno damit eine aktualisierte Form von Maurras' «integralem Nationalismus» (siehe Kapitel 2). Sein Credo lautet: «Wir brauchen nicht mehr Vielfalt oder Innovation. Wir brauchen eine Heimat.»[11]

Den dritten Beitrag leistete der amerikanische Publizist Michael Anton, der selbst etwa ein Jahr lang in Trumps Regierung gearbeitet hatte.[12] In einer Grundsatzerklärung, die im Frühjahr 2022 veröffentlicht wurde, fasste er die Positionen von Hazony und Reno zusammen, verknüpfte sie mit einem Bekenntnis zu Rechtsstaat und Marktwirtschaft und formulierte darüber hinaus einen «Kompromiss» zum Thema Identität: (Biologischen) Rassismus hält er demnach für falsch und verachtenswert, doch genauso verfehlt sei «unkontrollierte Massenimmigration», die nationale Gemeinschaften schwäche und sogar zu ihrer Auflösung führen könne. Solange die Voraussetzungen für eine erfolgreiche Assimilation nicht bestünden, meint Anton, sei eine restriktive Migrationspolitik deshalb nicht nur legitim, sondern notwendig. Seine Synthese war so griffig, dass sich fast hundert rechte Vordenker der Erklärung anschlossen. Die daraus entstandene Doktrin bekam den Namen «nationaler Konservatismus».[13]

Dass eine solche Vision lange fehlte, hilft zu erklären, weshalb westliche Rechtspopulisten in Machtpositionen traditionell wenig erreicht haben. Ihr Einfluss beschränkte sich in den meisten Fällen darauf, Gesellschaften zu polarisieren, rechte Narrative zu «normalisieren» oder – wie Trumps Beispiel vorführt – das System zu destabilisieren. Wie im Folgenden gezeigt wird, könnte sich dies jetzt ändern. In Italien, wo seit Herbst 2022 eine rechtspopulistische Koalition regiert, die sich konsequent an «nationalkonservativen» Ideen orientiert, wird ihr transformatives Potenzial deutlich. Für Anhänger der liberalen Moderne ist dies eine Herausforderung, denn im Gegensatz zu den chaotischen, ideologisch orientierungslosen und häufig von Extremisten durchsetzten Rechtspopulisten haben die «Nationalkonservativen» eine klare Agenda, die zwar eindeutig *anti-liberal*, aber nicht auf den ersten Blick *anti-demokratisch* ist.

Normalisierung

Ein Paradebeispiel für die Normalisierung anti-liberaler Positionen ist die Regierungsbeteiligung der österreichischen FPÖ von Dezember 2017 bis Mai 2019. Während dieser Zeit war die Partei in einer Koalition mit der Österreichischen Volkspartei (ÖVP) unter Bundeskanzler Sebastian Kurz und besetzte eine Reihe von Schlüsselpositionen, darunter die des Vizekanzlers sowie die Ministerien für Inneres, Äußeres und Soziales. Trotz erheblicher Macht konnte die FPÖ jedoch keines ihrer zentralen Versprechen auch nur ansatzweise verwirklichen. Ihr größter politischer «Erfolg» war aus heutiger Sicht die Übernahme rechtspopulistischer Narrative durch den politischen Mainstream.

Obwohl die FPÖ bereits in den 1950er-Jahren gegründet wurde, begann ihre populistische «Erfolgsgeschichte» erst im Jahr 1986, als der junge Parteifunktionär Jörg Haider ihre Führung übernahm. Unter seinem Vorsitz setzte die FPÖ immer stärker auf Themen wie «Parteienfilz» oder Angst vor «Überfremdung» und grenzte sich niemals konsequent vom rechtsextremen Milieu ab. Vor allem aber mutierte sie zur «Ein-Mann-Partei», die für programmatische Auseinandersetzungen weder Platz noch Interesse hatte.[14] Der parteiinterne Vordenker Andreas Mölzer erklärte damals, dass inhaltliche Standpunkte «breiter, offener und damit zwangsläufig unschärfer interpretiert werden» müssten.[15] Das Ergebnis war, dass Wahlprogramme in den 1990ern größtenteils «widersprüchlich» oder «unrealisierbar» waren.[16] Das zeigte sich besonders ab dem Jahr 2000, als die FPÖ in ihre erste Koalition mit der ÖVP eintrat. In der Regierungsverantwortung konnten inhaltliche Gegensätze nicht mehr «propagandistisch überspielt» werden,[17] und bereits wenige Monate nach Beginn der Koalition versank die Partei deshalb im Chaos. Bei Wahlen fiel sie von 27 Prozent zu Beginn der Legislaturperiode auf gerade mal 10 Prozent im Jahr 2002. Drei Jahre später kam es sogar zu einer Spaltung, in deren Zuge Haider eine neue Partei gründete.[18]

Trotz dieser Krise schaffte die FPÖ wenig später ein Comeback. Mehr als je zuvor machte die Partei in den 2010er-Jahren Stimmung gegen Migranten, Muslime und «den Islam». Auf ihren Plakaten standen Slogans wie «Daham statt Islam» oder «Wien darf nicht zu Istanbul werden».[19] In die Hände spielten ihr dabei die Terrorkampagne des

«Islamischen Staates» und die «Flüchtlingskrise» der Jahre 2015/16, die vielerorts Ängste auslösten. Haiders Nachfolger, Heinz-Christian Strache, griff diese Ängste nicht nur auf, sondern heizte sie weiter an. Er beschrieb die Ankunft von Asylbewerbern als «feindliche Landnahme»[20] und beschwor eine «existenzielle Notlage».[21] Den politischen Islam bezeichnete er als «Faschismus der Neuzeit» und wollte ihn sogar verbieten lassen.[22] Auch das FPÖ-Wahlprogramm vom Herbst 2017 war ganz von diesen Themen geprägt. Die Partei versprach darin nicht nur «konsequente Abschiebungen» und drastische Kürzungen staatlicher Hilfen für Ausländer, sondern einen kompletten «Zuwanderungsstopp».[23] Am Wahltag im Oktober 2017 landete sie damit bei fast 26 Prozent – das zweitbeste Ergebnis ihrer Geschichte.

Doch wie viele ihrer Versprechen konnte sie anschließend umsetzen? Wie sich zeigte: sehr wenig. Die Anzahl neuer Asylanträge ging in den Jahren 2018 und 2019 zwar zurück, doch in dieser Hinsicht spiegelte Österreich lediglich den europäischen Trend wider. Die Anerkennungsquote – also der Anteil erfolgreicher Asylanträge – blieb nahezu gleich und lag in beiden Jahren *über* der von Deutschland.[24] Und auch beim Thema Abschiebungen änderte sich kaum etwas: Obwohl ihre Zahl im Jahr 2019 leicht anstieg, entsprach sie dem Durchschnitt der vorangegangenen Jahre.[25] Die Gesamtzahl der Ausländer in Österreich stieg in den zwei Jahren sogar um jeweils 40 000 Personen an.[26] Von einem Paradigmenwechsel, wie ihn das Wahlprogramm angekündigt hatte, konnte keine Rede sein.

Ein ähnliches Bild ergab sich im Bereich der Sozialpolitik, wo die FPÖ durch starke Kürzungen für Ausländer eine «Einwanderung in die Sozialsysteme» verhindern wollte. Hierzu verabschiedete die Regierung zahlreiche Gesetze, von denen die meisten allerdings keinen Bestand hatten. So kassierte der österreichische Verfassungsgerichtshof eine geplante Deckelung der Sozialhilfe für kinderreiche Familien sowie alle Maßnahmen, die den Bezug staatlicher Mindestleistungen an deutsche Sprachkenntnisse koppeln sollten.[27] Ein Gesetz, das die staatliche Beihilfe für im Ausland lebende Kinder europäischer Arbeitskräfte reduzierte (und von dem besonders Pflegekräfte aus Osteuropa betroffen waren), wurde im Jahr 2022 vom Europäischen Gerichtshof aufgehoben.[28] Am Ende blieb von dem groß angekündigten Maßnahmenkatalog nur eine einzige Kürzung (bei «subsidiär Schutzberechtigten») übrig.[29]

Genauso wie in den frühen 2000ern war die Partei auch diesmal von der Komplexität politischen Handelns überfordert.[30] Statt auf Sachpolitik setzten Vizekanzler Strache und der FPÖ-Innenminister Herbert Kickl deshalb zunehmend auf Symbolik. So verweigerte die Regierung ihre Unterschrift unter einen internationalen «Migrationspakt», der aber ohnehin nicht bindend war.[31] Kickl schuf eine Grenzschutzeinheit, die öffentlichkeitswirksame Übungen abhielt, jedoch keine zusätzlichen Befugnisse erhielt.[32] Und im Januar 2019 benannte er die Erstaufnahmestellen für Asylbewerber in «Ausreisezentren» um, ohne dass sich an ihrer Funktion irgendetwas änderte.[33] Bei jeder dieser Aktionen war von einer «Signalwirkung» die Rede, die aber keine belegbaren Konsequenzen hatte.

Dass die Koalition bereits wenige Monate später endete, ging ebenfalls auf das Konto der FPÖ. Bereits in den ersten Monaten des Jahres 2019 sorgten die Kontakte der Parteiführung zu rechtsextremen Gruppen immer wieder für Spannungen.[34] Im April gab Strache ein Interview über den «großen Austausch», von dem sich Kurz distanzieren musste.[35] Und Kickl verstrickte sich in eine Reihe behördeninterne Skandale, wie etwa eine Razzia gegen den eigenen Verfassungsschutz.[36] Das Fass zum Überlaufen brachte die Veröffentlichung des sogenannten Ibiza-Videos im Mai. Es zeigt ein Treffen Straches mit der angeblichen Nichte eines russischen Oligarchen, bei dem er staatliche Aufträge als Gegenleistung für Parteispenden verspricht. Noch am selben Wochenende platzte die Koalition, und eine weitere Regierungsbeteiligung der FPÖ wurde unmöglich. Am Ende, so die österreichische Zeitung *Die Presse*, scheiterten Strache und seine Partei an «der eigenen Hybris».[37]

Der größte «Erfolg» der Partei war im Rückblick keine gesetzgeberische Leistung oder Regierungshandlung, sondern die Normalisierung rechtspopulistischer Narrative, die bereits vor der Regierungsübernahme begonnen und sich mit der «Symbolpolitik» während der Regierungsjahre fortgesetzt hatte. Spätestens als die Umfragewerte der FPÖ im Zuge der «Flüchtlingskrise» bei über dreißig Prozent lagen, begann nämlich auch die ÖVP damit, die Themen Islam, Migration und Sicherheit miteinander zu verknüpfen. Zwar vermied man Begriffe wie «Invasion» oder «feindliche Landnahme» und unterschied fein säuberlich zwischen «Islam» und «politischem Islam», doch Migration – speziell aus muslimischen Ländern – war ab diesem Zeitpunkt auch für den rechten Mainstream das wichtigste Thema und wurde durchgehend als Bedrohung präsentiert. Nicht nur die FPÖ, sondern auch Vertreter der ÖVP redeten fortan von einer «Festung Europa», forderten «Grenzzäune» und versprachen, die Zuwanderung von Asylbewerbern «gegen null zu senken».[38]

Die Annäherung war nicht bloß rhetorisch. Wie der Politikwissenschaftler Laurenz Ennser-Jedenastik zeigt, verschoben sich auch die programmatischen Positionen der ÖVP. Während beispielsweise im Wahlprogramm von 2013 noch ganz allgemein vom «Kampf gegen Sozialbetrug» die Rede war, unterschied das Wahlprogramm von 2017 in fast allen Bereichen zwischen Sozialleistungen für Österreicher und Nicht-Österreicher, wobei Flüchtlinge und Asylbewerber am wenigsten Geld bekommen sollten und gleichzeitig die höchsten Auflagen zu erfüllen hatten.[39] Dies war dem Ansatz der FPÖ so ähnlich, dass Strache die ÖVP als «Kopiermaschine» bezeichnete.[40]

Bester Beleg für die Normalisierung rechtspopulistischer Narrative ist, dass zeitweise sogar die sozialdemokratische SPÖ eine «harte Linie» bei den Themen Asyl und Migration einschlagen wollte. Laut dem Journalisten Thomas Hofer war das Ziel, die FPÖ zu schwächen und «potenzielle Wähler nicht mit einem zu soften Kurs zu verprellen».[41] Trotz mehrmaligen Scheiterns in der Regierung[42] ist der Einfluss der FPÖ auf das politische System deshalb größer denn je. Und solange innerhalb der Bevölkerung Ängste über Asyl und Migration bestehen, die sich von der Partei durch Rhetorik und Symbolpolitik aktivieren lassen, wird sich hieran wahrscheinlich auch nichts ändern. Der österreichische Journalist Helmut Brandstätter erklärt es folgendermaßen: «Da sitzen Leute zu Hause, fühlen sich benachteiligt, vielleicht gekränkt oder verlassen – und dann kommen Kickl und sein Apparat und erklären ihnen, wer schuld daran ist: Merkel, die Linken, [Ausländer] (...) böse Journalisten, wer auch sonst immer. Und schon werden die Emotionen angeheizt, es wird Angst verbreitet und Sündenböcke müssen geschlachtet werden.»[43]

Dass dieser Mechanismus nach wie vor zu funktionieren scheint, beweisen Umfragen vom Juni 2023, wonach die FPÖ bei über dreißig Prozent liegt und damit bei einer Wahl zur stärksten Partei würde.[44] Ihr Beispiel zeigt, dass Rechtspopulisten in der Opposition genauso «mächtig» – wenn nicht sogar mächtiger – sein können wie an der Macht.

Destabilisierung

Trotz aller Unterschiede zwischen Österreich und den USA gab es zwischen der Regierungsbeteiligung der FPÖ und Donald Trumps Präsidentschaft eine Reihe von Ähnlichkeiten. Auch Trump war ein Rechtspopulist, der über kein stimmiges ideologisches Konzept verfügte, vor den Wahlen viel versprach und anschließend im Amt völlig überfordert war. Und genauso wie bei der FPÖ führte seine Präsidentschaft zwischen Januar 2017 und Januar 2021 zu einer Normalisierung rechtspopulistischer Narrative. Der wichtigste Unterschied: Im Gegensatz zur FPÖ war Trump nicht bereit, die demokratischen Spielregeln zu akzeptieren. Mit der Weigerung, seine Wahlniederlage im November 2020 anzuerkennen, konnte er das Ende seiner Präsidentschaft zwar nicht verhindern, aber er beschädigte das politische System weit über seine Amtszeit hinaus.

Als Donald Trump im Sommer 2015 seinen Einstieg in die Politik verkündete, nahm ihn zunächst niemand ernst. Der damals neunundsechzigjährige Geschäftsmann, Reality-TV-Star und «dreifach verheiratete Schürzenjäger»[45] hatte zu diesem Zeitpunkt noch kein politisches Amt innegehabt, verfügte über keine politische Organisation und war erst wenige Jahre zuvor Mitglied der Republikanischen Partei geworden, deren Establishment ihn größtenteils ablehnte. Anfangs wurde sogar spekuliert, dass seine Präsidentschaftskandidatur bloß ein PR-Gag sei, um ein neues Buch zu verkaufen. Doch innerhalb weniger Wochen führte er das Feld der republikanischen Vorwahlkandidaten an, und obwohl er im Hauptwahlkampf die meiste Zeit hinter seiner demokratischen Konkurrentin Hillary Clinton gelegen hatte, gelang ihm im November 2016 ein Überraschungssieg.[46]

Zu keinem Zeitpunkt behauptete Trump, dass er über ein ausgefeiltes politisches Programm verfügte. Obwohl er bestimmte Positionen, wie etwa seine Ablehnung des Freihandels, über viele Jahrzehnte hin relativ konsequent vertreten hatte,[47] standen während seines Wahlkampfs nicht ideologische Debatten im Vordergrund, sondern seine Persönlichkeit. Wenn überhaupt, dann kommunizierte er inhaltliche Standpunkte durch Slogans. Einer der wichtigsten war: «Drain the Swamp», «Trocknet den Sumpf aus». Mit dem «Sumpf» meinte Trump die politischen Eliten, die seiner Meinung nach korrupt seien und die «wahren Interessen» der Menschen im Land ignorieren würden. Dies war eine klassisch populistische Ansprache, und Trump war perfekt dafür geeignet, sie zu kommunizieren, denn als Milliardär war er finanziell unabhängig, und als politischer Außenseiter konnte ihm niemand vorwerfen, selbst im «Sumpf» zu stecken.[48] Hinzu kam seine Rolle in der TV-Show *The Apprentice*, wo er sich seit Jahren als knallharter Geschäftsmann in Szene setzte: «In einem Land, das den Stillstand (...) in Washington satthatte», so der Historiker (und Trump-Unterstützer) Victor Davis Hanson, «schien die Idee eines toughen CEOs faszinierend.»[49]

Zum *Rechts*populisten wurde Trump durch die zweite Komponente seiner Ansprache, die in den Slogans «America First» und «Make America Great Again» zum Ausdruck kam. Besonders Letzterer war ein nostalgischer Wink an Amerikaner, denen der gesellschaftliche Wandel zu schnell ging und die einem modernen, diverseren Amerika nichts abgewinnen konnten, weil sie selbst zu keiner Minderheit gehörten und sich von neuen Gleichheitsansprüchen und zunehmender Einwanderung bedroht fühlten.[50] Genau in diesem Bereich machte Trump seine zwei bekanntesten Wahlversprechen. Das erste betraf Zuwanderer aus Lateinamerika, die Trump pauschal als «Vergewaltiger» und «Kriminelle» bezeichnet hatte.[51] Um diese aus den Vereinigten Staaten fernzuhalten, forderte er eine Mauer an der Grenze zu Mexiko. Das zweite Versprechen betraf Muslime, die nach den Anschlägen des «Islamischen Staates» überall im Westen unter «Terrorismusverdacht» standen. Gegen sie versprach Trump ein kollektives Einreiseverbot.[52] Die Botschaft war in beiden Fällen klar: Alles Unheil kam von außen, Vielfalt war gleichbedeutend mit Konflikt, und nur Donald Trump konnte die «wahren» – das heißt weißen und europäischstämmigen – Amerikaner beschützen.

Genauso wie bei der FPÖ war die Frage, wie viele seiner Versprechen er tatsächlich umsetzen konnte. Und auch hier lautet die Antwort: fast nichts. Was den «Sumpf» angeht, so war Trump schon allein deshalb nicht in der Lage, diesen «trockenzulegen», weil ihm die Leute fehlten. In den Vereinigten Staaten bringen neue Präsidenten bei ihrem Amtsantritt in der Regel Tausende Gefolgsleute mit, deren Job es ist, die politische Vision ihres Chefs an den Spitzen von Ministerien und nachgeordneten Behörden durchzusetzen. Doch Trump hatte sich über solche Fragen keine Gedanken gemacht und verfügte zu Beginn seiner Amtszeit nur über ein paar Dutzend Unterstützer, von denen die wichtigsten – wie etwa seine Tochter Ivanka und sein Schwiegersohn Jared Kushner – keinerlei Erfahrung in Politik oder Verwaltung hatten. Anders formuliert: Der Kaiser war nackt. Anderthalb Jahre nach seinem Amtsantritt blieb die Hälfte aller Führungspositionen in der Bundesverwaltung unbesetzt; in Sicherheitsbehörden waren es sogar zwei Drittel.[53] Und von den Stellen, die besetzt werden konnten, ging die Mehrheit notgedrungen an Leute, die bereits in vorangegangenen Regierungen gearbeitet hatten – also an genau den «Sumpf», den Trump ja eigentlich «austrocknen» wollte.[54]

Trumps naive Vorstellung, dass der Präsident eine Art Alleinherrscher sei, der vom Oval Office aus die gesamte Regierung befehlige, behinderte auch die Verwirklichung seiner anderen Versprechen. So weigerte sich der Kongress jahrelang, die für den Bau der Mauer zu Mexiko notwendigen Mittel zu genehmigen. Obwohl an der Südgrenze bereits Zäune und Absperrungen existierten und der Staat diese auch bezahlt hatte, hielten viele Abgeordnete die von Trump geplante Expansion für unnötig. Es dauerte bis 2019, bis mit dem Projekt ernsthaft begonnen werden konnte.[55] Am Ende von Trumps Amtszeit waren an nur 76 von über 3100 Kilometern Landgrenze zwischen den USA und Mexiko neue Befestigungen entstanden.[56] Hinzu kam, dass diese nicht so undurchlässig waren wie von Trump suggeriert: Nach Aufzeichnungen der Grenzschutzagentur U. S. Customs and Border Protection kam es bereits in den ersten zwei Jahren zu mehr als 3000 Durchbrüchen.[57]

Ähnliches galt für das Einreiseverbot für Muslime. Bereits im Laufe der Wahlkampagne war aus dem angekündigten umfassenden «Muslimenbann» ein Einreiseverbot geworden, das sich auf Bürger bestimmter, mehrheitlich muslimischer Länder beschränkte, weil selbst Trump klar geworden war, dass es niemals möglich sein würde, die Religionszugehörigkeit eines Reisenden mit hundertprozentiger Sicherheit festzustellen.[58] Dennoch wurden zwei Versuche, ein solches auf Ländern basierendes Einreiseverbot durchzusetzen, vom Verfassungsgericht aufgehoben. Erst beim dritten Anlauf war Trump erfolgreich, doch die bis zum Ende seiner Amtszeit gültige Version galt neben muslimischen auch für mehrere nichtmuslimische Länder und machte so viele Ausnahmen – etwa für Familienangehörige, Geschäftsreisende, Wissenschaftler und Studierende –, dass sich für Bürger der betroffenen Länder in der Praxis kaum etwas änderte.[59]

Natürlich hatte Trump in seiner Amtszeit auch einige Erfolge, wie etwa eine unternehmerfreundliche Steuerreform oder die Berufung erzkonservativer Verfassungsrichter, die die Rechtsprechung noch auf Jahrzehnte hin prägen werden – ein Sieg der «christlichen Nationalisten», die seit Jahrzehnten innerhalb der Republikanischen Partei immer stärker geworden waren.[60] Doch dies waren Entscheidungen, die so – oder ähnlich – auch von anderen Republikanern getroffen worden wären (und deswegen leichter durchzusetzen waren).[61] Sein wichtigster eigener Erfolg war, genauso wie bei der FPÖ, keine Sachentscheidung, sondern die Verschiebung des Diskurses. Weder die Mauer noch der Einreisebann erfüllten ihren eigentlichen Zweck, aber sie waren Symbolprojekte, mit denen Trump das in den Vereinigten Staaten vorherrschende Narrativ der «Einwanderernation» umzukehren versuchte. Statt dem berühmten «Schmelztiegel», der Menschen unterschiedlicher Herkunft willkommen hieß, ihnen eine Chance gab und sie zum Teil des amerikanischen «Projekts» machte, zeichnete Trump mit seiner Politik das Bild einer «Festung Amerika», die sich gegenüber der Außenwelt abriegelte. Hierfür waren die Mauer und der Einreisebann nach Ansicht von Trumps Stabschef Reince Priebus «das große Signal».[62]

Den wahrscheinlich größten Schaden richtete Trump ganz am Ende seiner Präsidentschaft an. Entgegen aller Erwartungen war es ihm innerhalb von vier Jahren im Weißen Haus gelungen, die Republikanische Partei unter seine Kontrolle zu bringen – ein Prozess, den der amerikanische Journalist Tim Alberta als «feindliche Übernahme» beschrieb.[63] Auch hatte Trump jegliche «Brandmauer» gegenüber der extremen Rechten eingerissen, sodass Rassisten und Alt-Right (siehe Kapitel 6) ein politisches Umfeld vorfanden, in dem sie «gedeihen konnten».[64] In den letzten Wochen seiner Amtszeit war Trumps Selbstbewusstsein so groß geworden, dass er sich weigerte, seine Niederlage bei den Wahlen vom November 2020 zu akzeptieren. Dies führte zum sogenannten Sturm auf das Kapitol am 6. Januar 2021, bei dem Tausende von militanten Trump-Anhängern versuchten, den feierlichen Abschluss der Präsidentschaftswahl zu verhindern. Schockierend an diesem Umsturzversuch war nicht nur die Belagerung – und teilweise Zerstörung – des amerikanischen Parlaments, sondern auch die Reaktion von Anhängern der Republikaner. Eine Mehrheit republikanischer Wähler äußerte in Umfragen Sympathien für den Umsturzversuch, und zwei Drittel bezweifelten sogar, dass Joe Biden rechtmäßiger Präsident sei.[65] Anders ausgedrückt: Trump und sein Populismus haben dazu geführt, dass ein Drittel der Bevölkerung das gesamte politische System als illegitim betrachtet. Trotz boomender Wirtschaft sind die Vereinigten Staaten deshalb bis heute gespaltener und politisch instabiler als je zuvor.

Ideologische Transformation

Anders als bei Trump kam der Wahlsieg der Partei Fratelli d'Italia (Brüder Italiens) nicht überraschend. Besonders seit Beginn der Pandemie waren ihre Umfragewerte stetig angestiegen, und im Herbst 2022 wurde sie bei den Parlamentswahlen mit knapp 26 Prozent stärkste Kraft. Ihre Vorsitzende, Giorgia Meloni, führt seitdem eine Regierungskoalition, die als Italiens «rechteste Regierung seit dem Zweiten Weltkrieg» gilt.[66] Doch obwohl die Partei in vielerlei Hinsicht genauso populistisch ist wie Trump oder die FPÖ, stehen ihre Chancen, das Land nachhaltig zu verändern, deutlich besser. Der Grund dafür ist, dass sie mit dem «nationalen Konservatismus» eine programmatische Vision hat und ihre Umsetzung konsequent betreibt.

Der Aufstieg der Fratelli d'Italia ist vor allem deshalb so kontrovers, weil sie Nachfolger von Mussolinis Faschisten sind. Nach Ende des Zweiten Weltkriegs wurde Mussolinis Partei zunächst als Movimento Sociale Italiano (Italienische Sozialbewegung, MSI) wiedergegründet, die sich in den darauffolgenden Jahrzehnten stets an Wahlen beteiligte, aber generell wenig Unterstützung erhielt und an keiner Nachkriegsregierung beteiligt war.[67] In den 1990er-Jahren distanzierte sich die Parteiführung zunehmend von ihrer faschistischen Vergangenheit, benannte sich in Alleanza Nazionale (Nationale Allianz, AN) um und wurde Teil von Silvio Berlusconis Regierungskoalition. Der Liberalisierungsprozess war so erfolgreich, dass sie im Jahr 2009 vollständig mit Berlusconis Partei fusionierte. Doch bereits drei Jahre später waren große Teile der ehemaligen AN damit unzufrieden, spalteten sich wieder ab und gründeten die Fratelli d'Italia.[68]

Das zweideutige Verhältnis zur eigenen Vergangenheit, das in der wechselhaften Parteigeschichte zum Ausdruck kommt, charakterisiert die Fratelli d'Italia bis heute. So macht Meloni bei jeder Gelegenheit klar, dass der Faschismus im heutigen Italien nicht mehr relevant oder «nützlich» sei.[69] Auch hat sie ernsthafte Anstrengungen unternommen, die Partei für neue Ideen und Strömungen zu öffnen, und einige rechtsextreme Mitglieder ausgeschlossen.[70] Aber gleichzeitig zelebriert sie faschistische Traditionen und weigert sich, die Flamme, ein beliebtes faschistisches Symbol, aus dem Parteilogo zu entfernen.[71] Was widersprüchlich erscheint, ist in Wirklichkeit ein ständiger Balanceakt zwischen dem Ziel, eine moderne, mehrheitsfähige Partei zu repräsentieren, und dem Wunsch nach Bewahrung der eigenen – in letzter Konsequenz: faschistischen – Identität.[72]

Aus diesem Abwägungsprozess heraus entstand auch die programmatische Neuerfindung der Partei als «nationalkonservativ».[73] Genauso wie die Lega-Partei von Melonis Koalitionspartner und Vizepremierminister Matteo Salvini vertreten die Fratelli d'Italia populistische Positionen zur Migration, sprechen vom «Bevölkerungsaustauch» und stellen sich gegen neue Gleichheitsansprüche, insbesondere LGBTQ und die polemisch so bezeichnete Gender-Ideologie.[74] Doch im Gegensatz zu Salvini liefern die Fratelli d'Italia auch eine inhaltlich schlüssige Begründung, auf der ihre programmatische Vision fußt: «Die große Herausforderung unserer Zeit» ist laut Meloni der Kampf gegen die «Zerstörung von Identität» durch «Globalismus», «Multikulturalismus» und übertriebene Gleichheitsansprüche.[75] Das Gegenprogramm bestehe aus einer Stärkung von Religion, Familie und Vaterland[76] – den drei «starken Göttern» die bereits der Theologe R. R. Reno in den Vordergrund gestellt hatte. Die inhaltliche Formel, die sich wie ein roter Faden durch alle Statements der Partei zieht und bei jeder Gelegenheit betont wird.[77]

Neben der Begründung der eigenen Position verschafft sich die Partei hierdurch auch internationale Anschlussfähigkeit. Als «Nationalkonservative» sind ihre ideologischen Gegenüber nicht mehr Neo-Nazis, sondern rechtskonservative Demokraten wie etwa die amerikanischen Republikaner.[78] In Europa pflegt die Partei enge Kontakte mit den ost- und zentraleuropäischen Visegrád-Staaten, insbesondere Viktor Orbáns Ungarn.[79] Und im Europäischen Parlament ist sie nicht Teil der rechtspopulistischen Fraktion «Identität und Demokratie», zu der Lega, AfD und FPÖ gehören, sondern Mitglied bei den respektableren «Europäischen Konservativen und Reformern», zu denen einst auch die britischen Torys zählten. Gegenüber dem britischen Magazin *Spectator* sagte Meloni: «Wenn ich Britin wäre, wäre ich wahrscheinlich ein Tory.»[80]

Wie viel von dieser ideologischen Transformation hat sich bisher im Regierungshandeln niedergeschlagen? Alles deutet darauf hin, dass Meloni nicht nur an kurzfristigen Erfolgen interessiert ist, sondern einen langfristigen Umbau von Staat und Gesellschaft plant. Um dabei das Vertrauen internationaler Partner zu gewinnen und Ängste vor einer «faschistischen Regierung» zu zerstreuen, hat sie sich außenpolitisch zunächst eingereiht. Im Ukrainekrieg gehört sie zu den enthusiastischsten Unterstützern Kiews und hat diese Position gegen den Widerstand (russlandfreundlicher) Koalitionspartner durchgesetzt.[81] Und in Brüssel verzichtet sie auf Profilierungsversuche und arbeitet mit europäischen Institutionen scheinbar reibungslos zusammen. Selbst Kritiker berichten von einem pragmatischen, wenn nicht sogar positiven Auftreten der neuen Regierung.[82]

Zugleich hat sie innenpolitisch damit begonnen, ihre Idee einer «nationalkonservativen» Gesellschaft umzusetzen. Wie sich in den ersten sechs Monaten abgezeichnet hat, stehen dabei vor allem zwei Ziele im Vordergrund. Das erste ist die Steigerung der Geburtenrate. Zu diesem Zweck hat Meloni einen weitreichenden Umbau des Sozialsystems und zahlreiche neue Förderungen für Kinder und (traditionelle) Familien angekündigt.[83] Die angeblich kinderfeindliche «Gender-Ideologie» will sie aus dem Erziehungssystem verbannen.[84] Und Abtreibungen sollen zwar nicht verboten, aber deutlich reduziert werden.[85] Das zweite Ziel ist ein Rückgang der Zuwanderung. Ähnlich wie Trump und die FPÖ musste Meloni feststellen, dass dies nicht so einfach zu realisieren ist wie im Wahlkampf angekündigt. Italien hat seit dem Regierungswechsel zwar einige Flüchtlingsboote zurückgewiesen, aber von einer «Seeblockade»,[86] wie sie Meloni jahrelang gefordert hatte, kann keine Rede sein. Das bedeutet nicht, dass ihre Regierung nur Symbolpolitik betreibt. Bereits im Dezember wurde ein Gesetz verabschiedet, das die Arbeit von Seenotrettern erschwert.[87] Im Frühling 2023 stellte die

Regierung Milliarden an Mitteln für neue Sammellager bereit.[88] Und überall in Afrika verhandelt sie neue Abkommen, die Migration verhindern und Fluchtursachen bekämpfen sollen.[89]

Der deutlichste Hinweis darauf, dass Meloni einen langfristigen Plan hat, sind zwei Initiativen, die die politische Dynamik ganz grundsätzlich verändern könnten. Die erste ist der Wechsel zu einem präsidialen System, der die Exekutive stärken und das Parlament schwächen würde. Aus diesem Grund initiierte sie bereits Sondierungen mit den Oppositionsparteien.[90] Die zweite ist eine Neuorganisation der Rechten in Europa, die die jahrzehntealte «Koalition» zwischen Mitte-rechts- und Mitte-links-Parteien im Europäischen Parlament aufbrechen würde. Auch hierzu hat Meloni schon erste Gespräche geführt – unter anderem mit Manfred Weber, dem Chef der europäischen Christdemokraten.[91]

Ist all dies rechtsextrem oder gar faschistisch? Es besteht kein Zweifel, dass Italien und möglicherweise ganz Europa sehr deutlich nach rechts rücken würden, sollte sich Meloni mit ihrem ambitionierten Programm durchsetzen. Doch es gibt (bislang) keinen Hinweis darauf, dass sie die Demokratie zugunsten eines autoritären Systems abschaffen möchte. Im Gegenteil: Was den «nationalen Konservatismus» aus rechter Perspektive so attraktiv macht, ist das Versprechen, ein antiliberales Programm mithilfe liberal-moderner Institutionen und Prozesse durchzusetzen. Mehr denn je stellt sich deshalb die Frage: Wie anti-liberal darf eine Demokratie sein? Ist «illiberale Demokratie» möglich – oder ein Widerspruch in sich?

Für wirklich extreme Rechte ist Meloni jedenfalls bereits viel zu weit in die Mitte gerückt. So schreibt Benedikt Kaiser, Publizist der Neuen Rechten: «Erst hat Italiens starke Frau in der Außenpolitik eine US-Unterwerfung hingelegt. Dann hat sie in der Migrationspolitik die EU-Linie übernommen. Bleibt nur noch ihr vermeintlich erzkonservativer Kulturkampf. Und auch das löst sich auf.» Dass Meloni über eine schlüssige Ideologie verfügt und diese mit großem Machtbewusstsein verfolgt, wird von Kaiser weder anerkannt noch überhaupt verstanden. Aus seiner Sicht ist die Vorsitzende der Fratelli d'Italia wenig mehr als eine Opportunistin, der es an «weltanschaulichen Halteseilen» fehlt. Sein Fazit: «Vertraue niemals atlantistischen Rechtsparteien!»[92]

Rechtspopulismus, wie er in diesem Kapitel beschrieben wurde, ist also ein komplexes Phänomen, das sich nicht immer und nicht automatisch als anti-demokratisch einordnen lässt.[93] Das heißt nicht, dass Rechtspopulisten keinen (negativen) Einfluss auf den demokratischen Prozess hätten. Wie gezeigt wurde, tragen sie ganz erheblich dazu bei, anti-liberale Narrative zu normalisieren, und sie können – wie im Falle Trumps – sogar das ganze System destabilisieren. Mit dem «nationalen Konservatismus» gibt es zudem mittlerweile ein klar umrissenes Programm, mit dem sich anti-liberale Ideen nachhaltig – und im Kontext demokratischer Institutionen – rechtfertigen lassen. Das vielleicht Wichtigste: Ihr Erfolg beruht auf derselben Dynamik, aus der auch eindeutig rechtsextreme Kräfte Zustimmung und Unterstützung schöpfen – der Logik der Angst.

WAS FOLGT?

Der Kampf gegen Extremismus ist eine dauerhafte Aufgabe in jeder Demokratie. Doch die Erfahrung zeigt: Wer extremistische Bedrohungen nicht zuerst analytisch durchdringt, läuft Gefahr, die Extremisten durch ihre Bekämpfung nicht zu schwächen, sondern zu stärken. Der jahrzehntelange «Krieg gegen den Terror», der mit Kriegen und einer weltweiten Kampagne versucht hat, den Islamismus als Idee und politische Bewegung zu vernichten, ihn aber im Irak, Afghanistan und vielen anderen Orten befördert hat, ist ein warnendes Beispiel.[1]

Dieses Buch hat versucht, einen Beitrag zur analytischen Durchdringung des Rechtsextremismus zu leisten. Der Fokus lag auf politischen Ideen – ihrem Inhalt, Ursprung und der Art und Weise, wie sie von politischen Akteuren für unterschiedliche Zwecke interpretiert wurden und werden. Um diesen Fokus zu schärfen, wurden einige Fragen bewusst ausgeklammert, so etwa zur Psychologie oder zu Radikalisierungsprozessen. Im Ergebnis steht eine Reihe von Erkenntnissen, die für den Kampf gegen den Rechtsextremismus von Bedeutung sein können.

Dass Rechtsextremismus komplexer geworden ist, zeigte sich spätestens am Spätnachmittag des 22. Juli 2016. Damals erschoss der damals achtzehnjährige David Sonboly nahe des Münchner Olympiaparks neun Menschen – sieben Muslime sowie zwei Sinti und Roma. Weil es zur damaligen Zeit vermehrt zu Anschlägen der Terrorgruppe «Islamischer Staat» gekommen war, dachten viele zunächst an einen dschihadistischen Hintergrund. Doch weder die Opfer entsprachen dem, noch hatte der Täter irgendwelche Kontakte in die islamistische Szene. Je mehr über Sonboly ans Licht kam, desto offensichtlicher wurde, dass seine Motivation rechtsextremistisch war. Sonboly, so stellte sich heraus, war fasziniert von Amokläufen; er schrieb ein Manifest, in dem er syrische Flüchtlinge mit «Kakerlaken» verglich; und sein größtes Vorbild war der norwegische Terrorist Anders Breivik. Es war also kein Zufall, dass der Anschlag auf den Tag genau fünf Jahre nach Breiviks Attentat stattfand.

Warum taten sich die Sicherheitsbehörden so schwer damit, die Tat richtig einzuordnen? Waren sie «auf dem rechten Auge blind», wie Kritiker behaupteten? Tatsache ist, dass Sonboly nicht in das typische «Schema» des Rechtsextremisten passte, mit dem damals operiert wurde. Anders als etwa die Terroristen des NSU hatte Sonboly niemals Kontakt zu rechtsextremen Gruppen in Deutschland. Seine Radikalisierung fand ausschließlich im Internet statt, und fast alle, mit denen er über die Gaming-Plattform *Steam* kommunizierte, befanden sich im Ausland.[2] Am bedeutendsten: Davids Geburtsname war Ali, und seine Eltern waren als iranische Flüchtlinge nach Deutschland gekommen. Keine «Kameradschaft» oder rechtsextreme Partei in Deutschland hätte ihn jemals bei sich akzeptiert. Und auch für die Beamten war es unvorstellbar, dass ein Flüchtlingskind mit muslimischen Wurzeln zu einem deutschen Rechtsextremisten werden konnte.

Die Behörden klassifizierten Sonboly deshalb zunächst als «Einzeltäter», der aus «persönlichen Motiven» gehandelt habe. Erst drei Jahre später, als Ergebnis von mehreren unabhängigen Gutachten, wurde diese Einschätzung revidiert. Trotzdem – und obwohl er an einem einzigen Tag fast genauso viele Menschen tötete wie der NSU in seiner ganzen Geschichte – wird Sonbolys Tat in Berichten über «rechts extremen Terror» bis heute kaum erwähnt. Nicht nur die bayerischen Behörden, sondern auch die Öffentlichkeit – und sogar einige Forscher – scheinen lange «blind» gewesen zu sein, als Rechtsextremismus mal nicht so aussah wie ein typischer Skinhead.[3]

Wie dieses Buch gezeigt hat, gehörten zur äußersten Rechten niemals nur Neonazis oder Neofaschisten, sondern eine lange Liste ganz unterschiedlicher Phänomene, die in den vergangenen Jahren noch länger geworden ist, darunter Traditionalisten, rechte Esoteriker, Identitäre, Neue Rechte, Reichsbürger, Selbstverwalter, Rechtskatholiken, christliche Nationalisten, Kulturrassisten, Islamophobe, Incels, Verschwörungstheoretiker, Neo-Reaktionäre, Rechts-Libertäre, Rechtspopulisten und mehr. Die Methoden, mit denen sie ihre jeweiligen Ziele verfolgen, sind dabei so vielfältig wie ihre ideologischen Wurzeln: Rückzug und innere Emigration, Parallelgesellschaft und Parlamentarismus, Metapolitik und Kulturkampf, Straßenprotest und Selbstjustiz, aber eben auch «Hassgewalt» und – wie im Falle Sonbolys – rechtsextremer Terrorismus.

Wer vor diesem Hintergrund mit dem Begriff «Faschismus» um sich wirft, macht es sich zu einfach, denn nur ein Teil der extremen Rechten zählt sich zu dieser ideologischen Tradition. Viele Rechtsextremisten distanzieren sich sogar vom Faschismus, und einige werfen ihren (linken) Gegnern sogar vor, die «eigentlichen» Faschisten zu sein. Die oftmals hitzigen Debatten, die sich an solche Vorwürfe anschließen, sind selten zielführend und haben mit einem historisch fundierten Verständnis des Begriffs wenig zu tun.[4] Mehr noch: Das Bedürfnis, in jedem Rechtsextremen einen neuen Hitler erkennen zu wollen, verhindert, dass neue Spielarten des Rechtsextremismus rechtzeitig erkannt werden und angemessen mit ihnen umgegangen wird. Sie tragen also paradoxerweise dazu bei, die Gefahr zu verharmlosen.

Was Rechte jeglicher Couleur miteinander verbindet, ist eine Skepsis gegenüber der liberalen Moderne – also dem ideengeschichtlichen Rahmen, der den Westen, westliche Gesellschaften und die westliche Demokratie seit den Revolutionen in der zweiten Hälfte des 18. Jahrhunderts definiert. Im Gegensatz zu Anhängern der liberalen Moderne vertreten Rechte eine pessimistische Position. Geschichte ist ihrer Ansicht nach kein Ausdruck von dauerhaftem Fortschritt, sondern zyklisch, und die gegenwärtige Periode ist keine des Aufstiegs, sondern eine der Dekadenz. Gegenüber Versprechen von Gleichheit und Umverteilung vertreten sie Vorstellungen gesellschaftlicher Ordnung, die auf «natürlichen» Hierarchien basieren und deren systematische Zerstörung nach ihrer Meinung nicht zu mehr Gerechtigkeit, sondern zu Chaos und Konflikten führe. Nicht zuletzt misstrauen sie liberal-modernen Vorstellungen von Identität und Zugehörigkeit. Politische Gemeinschaft ist für sie kein Ergebnis «abstrakter Ideen», sondern wird vorrangig durch Herkunft oder Sozialisierung bestimmt. Die Idee eines «Universalismus», nach der alle Menschen in den Genuss der gleichen Rechte und Freiheiten kommen sollten, ist ihrer Ansicht nach unrealistisch und falsch.

Nicht alle, die diese Meinungen vertreten, sind notwendigerweise Extremisten. Der Grund dafür, dass es oft Jahrzehnte – in einigen Fällen Jahrhunderte – gedauert hat, um bestimmte Gleichheitsansprüche zu realisieren, ist nicht «Extremismus», sondern die Tatsache, dass lange tradierte Ordnungen durch gesellschaftliche, kulturelle oder religiöse Normen fest verwurzelt sind. Auch das Zugehörigkeitsgefühl gegenüber Menschen mit gemeinsamer Herkunft, Kultur oder Geschichte ist nicht per se «rassistisch», sondern in den meisten Fällen völlig normal und seit Jahrtausenden in praktisch allen Gesellschaften dokumentiert. Noch nicht einmal die «Ur-Länder» der liberalen Moderne – Frankreich und die Vereinigten Staaten – haben deshalb das Abstammungsprinzip als Grundlage für die Staatszugehörigkeit abgeschafft. Das bedeutet: Selbst in diesen historisch am stärksten auf «Ideen» beruhenden Ländern werden Menschen bis heute dadurch zu Bürgern, dass sie von Bürgern des jeweiligen Staates abstammen.[5] Pauschale Extremismusvorwürfe gegenüber allem, was vermeintlich «rechts» ist, basieren oftmals auf einer «absolutistischen» Vorstellung der liberalen Moderne, die mit der pragmatischen und sukzessiven Art und Weise, mit der sich ihre Werte historisch durchgesetzt haben, wenig zu tun hat.

Wie bei allen anderen politischen Orientierungen wird die rechte Weltsicht erst dann zum Extremismus, wenn sie Rechte, Freiheiten und die (körperliche) Unversehrtheit anderer missachtet und damit den gesellschaftlichen Pluralismus infrage stellt. Der ideologische Mechanismus, der dies im Falle des Rechtsextremismus ermöglicht, ist die Logik der Angst. Auf der einen Seite stehen dabei Menschen, die sich durch gesellschaftlichen oder politischen Wandel verunsichert fühlen, weil sie glauben, an Rechten, Wohlstand, Sicherheit oder Status zu verlieren. Auf der anderen Seite befinden sich Extremisten, die solche Ängste aufgreifen und instrumentalisieren. Zum «Hass» kommt es erst im zweiten Schritt, nämlich wenn Angst in eine bestimmte ideologische Richtung gelenkt wird – bei Rechtsextremisten typischerweise gegen «liberale Eliten» und «das Fremde».

Das wichtigste Feindbild, das diese Logik wie kein anderes befeuert hat, war immer schon «der Jude». Bereits vor Beginn der liberalen Moderne galten Juden fast überall in Europa als «Fremdkörper», an denen sich in regelmäßigen Abständen der Hass und die Konflikte ihrer jeweiligen Gesellschaften entluden. Ab dem 19. Jahrhundert wurden sie dann immer stärker auch mit den Veränderungen identifiziert, die im Zuge der liberalen Modernen entstanden. Man hielt sie für genauso kalt und kalkulierend wie das neue Zeitalter. Sie galten als Profiteure von Gleichheit und als Zerstörer althergebrachter Ordnung. Nicht zuletzt sah man in ihnen Repräsentanten eines «entwurzelten» Universalismus, der weit über Staat und Nation hinausreichte.[6] Anders als alle anderen Gruppen, die im Laufe der Geschichte zu Sündenböcken gemacht wurden, symbolisierte die Vorstellung vom «Wandernden Juden», der heimatlos umherzieht, das «Fremde» und die «liberalen Eliten» in einer Person.

Eine zweite Variante der Logik der Angst, die in Europa mit Beginn der Einwanderung aus mehrheitlich muslimischen Ländern an Bedeutung gewonnen hat, sind Vorstellungen vom sogenannten Bevölkerungsaustausch. Als Repräsentanten der «liberale Eliten» und «des Fremden» gelten dabei unterschiedliche Gruppen, die aber miteinander im Zusammenhang stehen. Die «liberalen Eliten» sind entweder reich («Globalisten») oder gebildet («Kulturmarxisten»). Ihre Wertvorstellungen sind ultra-liberal, Heimat hat für sie keine Bedeutung, und nicht zufällig, so meint man, finden sich in beiden Gruppen überproportional viele Juden. «Das Fremde» sind Muslime oder Menschen aus Afrika, die in immer größerer Zahl nach Europa kommen und deren Einwanderung von den «liberalen Eliten» angeblich forciert wird. Das Ergebnis ist ein vermeintlicher «Austausch» der weißen, europäischen Bevölkerung durch «Fremde» – und damit die schrittweise Auslöschung des «Eigenen».

Wie kontinuierlich diese Logik ist, zeigt der Fall Stephan Balliet, der im Oktober 2019 einen Anschlag auf die Synagoge in Halle verübte. Balliet radikalisierte sich zunächst durch

Vorstellungen vom Bevölkerungsaustausch, insbesondere die Ideen von Renaud Camus. Doch je mehr Zeit er in rechtsextremistischen Internetforen verbrachte, desto klarer schien ihm, dass mit Begriffen wie «Globalisten» und «Kulturmarxisten» in Wirklichkeit «die Juden» gemeint waren.[7] Sein erstes Anschlagsziel war deshalb eine Synagoge, wo er möglichst viele Juden töten wollte. Als es ihm nicht gelang, in das Gotteshaus einzudringen, änderte er seinen Plan und fuhr zu einem Döner-Imbiss, wo er Muslime vermutete.[8] Aus seiner Sicht war dies kein Widerspruch. Und warum auch? Was ihn antrieb, war eine Logik der Angst, in der sowohl Juden als auch Muslime einen festen Platz, wenn auch unterschiedliche Rollen hatten.

Die entscheidende Frage lautet natürlich: Was tun? Wie bei allen Arten der Extremismusbekämpfung geht es einerseits darum, die Mobilisierungsversuche von Extremisten zu verhindern und damit das «Angebot» an Rechtsextremismus zu begrenzen. Andererseits muss es Ziel sein, Menschen für Rechtsextremismus weniger empfänglich zu machen und dadurch die potenzielle «Nachfrage» zu verkleinern. Nur wenn beides geschieht, kann seine Reichweite und politische Wirkmacht nachhaltig reduziert werden.

Traditionell im Vordergrund steht meist die Bekämpfung des Angebots, also die Marginalisierung von rechtsextremistischen Akteuren. Noch stärker als bisher muss es hierbei darum gehen, rechtsextremistische Netzwerke ganzheitlich zu betrachten. Dazu gehören besonders die Schnittstellen zwischen «offener Szene» und Untergrund, wo etwa der NSU und der Mörder des nordhessischen Regierungspräsidenten Walter Lübcke zu finden waren.[9] Eine weitere Priorität ist das Internet. Wie der Fall David Sonboly zeigt, haben sich extremistische Subkulturen im Online-Bereich vermischt, oder es sind völlig neue «Phänomene» entstanden. Sicherheitsbehörden müssen solche virtuellen Strukturen genauso gut durchdringen wie das, was auf der Straße passiert. Die dritte «Baustelle» ist der Umgang mit rechtsextremen Parteien. Natürlich darf es keine Regierungsbeteiligung von Parteien geben, deren Hauptziel die Zerstörung der liberalen Demokratie ist. Doch auch bei der Zusammenarbeit mit rein rechtspopulistischen Parteien ist Vorsicht geboten, denn ihre Beteiligung «normalisiert» extremistische Narrative und destabilisiert das demokratische System.

Allein mit der Ausgrenzung von rechtsextremistischen Akteuren – also einer Begrenzung des Angebots – ist es jedoch nicht getan. Wenn Rechtsextremismus auf mehr als nur «blindem Hass» beruht, wenn er stattdessen – wie dieses Buch zu zeigen versucht hat – einer «Logik der Angst» entspringt, dann muss es zusätzlich zur Bekämpfung rechtsextremistischer Akteure darum gehen, solche Ängste zu reduzieren und Menschen auch in unübersichtlicheren Zeiten an die liberale Demokratie zu binden. Bessere Kommunikation von Politik reicht dabei nicht aus, denn bei großen gesellschaftlichen Veränderungen, wie etwa der Bewältigung des Klimawandels oder dem demografischen Wandel, gibt es ja tatsächlich auch «Verlierer» beziehungsweise Menschen, die sich von Veränderung bedroht fühlen. Um deren Empfänglichkeit für rechtsextremistische Narrative der Angst zu reduzieren, müssen alle demokratischen Kräfte ihre Politikansätze überdenken.

Für Rechte gilt, dass sie beim Thema Identität offener und ehrlicher sein sollten. Wie gezeigt, ist das Problem bei Vorstellungen des Bevölkerungsaustauschs nicht die Realität des demografischen Wandels, sondern die Idee, dass Identitäten für alle Ewigkeit fixiert sind und jegliche Form von Veränderung eine Bedrohung für das «Eigene» darstellt. Das ist nachweislich falsch, denn außer ein paar indigenen Völkern, die seit Jahrtausenden von der Außenwelt abgeschnitten sind, haben sich gesellschaftliche Identitäten im Laufe der Geschichte fortwährend verändert, und zwar nicht nur durch Zu- oder Abwanderung, sondern auch durch politischen, ökonomischen und technologischen Wandel.

Das Festhalten am Mythos einer historisch unveränderbaren Identität hat moderate Rechte der Möglichkeit beraubt, diesen Wandel konstruktiv zu gestalten. Wie viel Migration ist gut für eine Gesellschaft? In welchem Tempo darf sich eine Gesellschaft verändern, ohne dass Zusammenhalt und Gemeinschaftsgefühl leiden? Wie lässt sich über Probleme in bestimmten Communitys sprechen, ohne damit gleich ganze Religionen oder ethnische Gruppen zu verdammen? Bei vielen dieser Fragen sind rechte Stimmen, die die Realität sich wandelnder Identitäten akzeptieren, aber den Prozess auf nachhaltige Weise organisieren wollen, kaum zu hören. Stattdessen wird die Debatte von Maximalpositionen dominiert, die Identität entweder als unveränderliche Essenz verstehen oder das gesamte Konzept als «rassistisch» verwerfen.

Für Linke muss es darum gehen, mehr Geduld und Verständnis für die «Verlierer» des gesellschaftlichen Wandels aufzubringen. Wie bereits dargestellt, hat es oft Jahrzehnte gedauert, bis neue Vorstellungen von Gleichheit oder Fortschritt gesellschaftlich akzeptiert waren. Wer will, dass solche Ansprüche von Dauer sind und nicht nur juristische, sondern auch kulturelle und gesellschaftliche Realität werden, sollte viel Zeit mitbringen. Genauso wichtig ist es, die «Verlierer» dieser Veränderungen nicht von oben herab zu behandeln oder ihnen beim geringsten Widerspruch vorzuwerfen, sie seien Reaktionäre oder Rassisten. Wer beispielsweise Kohlekumpels, Ostdeutsche, ältere Menschen oder solche mit geringer formaler Bildung als «Privilegierte» beschimpft und ihre Ängste als «reaktionäre Welle» bezeichnet,[10] tut der eigenen, vermeintlich «progressiven» Sache keinen Gefallen. Solche Statements tragen vielmehr zur gesellschaftlichen Polarisierung bei und provozieren einen Backlash, der am Ende nur den Extremisten in die Hände spielt.

Stattdessen sollten sich Linke und Liberale in Zeiten enormer Veränderung viel stärker Gedanken zu Themen wie Identität und Zugehörigkeit machen. Welche Bedeutung hat Heimat in einer sich globalisierenden, schnell verändernden Welt? Woraus besteht («unsere») Identität, und wie lässt sie sich mit Gleichheitsansprüchen versöhnen? Unter welchen Bedingungen entwickelt sich ein Gefühl der Zugehörigkeit, und wie sorgt man dafür, dass es bleibt? Auch hier gilt: Konstruktive Stimmen – gerade aus dem normalerweise nicht dafür zuständigen politischen Lager – sind bei diesen Fragen selten zu hören. Die Konsequenz ist, dass die Deutungshoheit anderen überlassen wird.

Niemand weiß, ob die Umsetzung dieser Denkanstöße rechtsextreme Attentate wie die von David Sonboly oder Anders Breivik, den Mord an Walter Lübcke oder die Anschlagsserie der NSU verhindert hätten. Es ist überhaupt unrealistisch zu glauben, Rechtsextremismus lasse sich komplett besiegen. Wenn er, wie in diesem Buch beschrieben, eine Reaktion auf den Vormarsch der liberalen Moderne ist, dann wird es ihn geben, solange die liberale Moderne weiterhin den Zeitgeist bestimmt. Durch das Internet und andere liberal-moderne Innovationen wird er ironischerweise noch vielfältiger und komplexer werden. Das macht seine Bekämpfung jedoch nicht sinnlos. Im Gegenteil: In Zeiten großer Umbrüche und eines nie da gewesenen Wandels ist der Kampf gegen den Rechtsextremismus wichtiger denn je. Vor allem aber ist er eine Aufgabe, die niemals endet.

ANMERKUNGEN

Einleitung

1 Zit. nach Åsne Seierstad, *Einer von uns. Die Geschichte eines Massenmörders*, Zürich 2016, S. 111.
2 Siehe Anders Breivik, *2083 – A European Declaration of Independence*, Oslo 2011, S. 802 f.
3 Ebd., S. 1435.
4 Zit. nach Victoria Klesty, «Norwegian killer Breivik begins parole hearing with Nazi salute», *Reuters*, 18. Januar 2022.
5 Seierstad, *Einer von uns.*
6 Der in den USA entstandende Begriff «Incel» setzt sich zusammen aus den Wörtern «*in*voluntary *cel*ibate» und bezeichnet heterosexuelle Männer, die unfreiwillig ohne sexuelle Beziehung leben.
7 Ernst Jünger, zit. nach Simon Kießling, *Das neue Volk*, Schnellroda 2022, S. 15.
8 Siehe Uwe Backes und Eckhard Jesse, *Politischer Extremismus in der Bundesrepublik Deutschland*, Bonn 1993, S. 36.
9 Siehe Norberto Bobbio, *Rechts und Links. Gründe und Bedeutungen einer politischen Unterscheidung*, Berlin 1994.
10 Ich danke Roger Griffin für mehrere Gespräche zu diesem Thema.
11 Claus Leggewie und Horst Meier, «‹Verfassungsschutz›. Über das Ende eines deutschen Sonderwegs», *Blätter für deutsche und internationale Politik* 57 (2012), Heft 10. Siehe auch Christoph Kopke und Lars Rensmann, «Die Extremismus-Formel. Zur politischen Karriere einer wissenschaftlichen Ideologie», *Blätter für deutsche und internationale Politik* 45 (2000), Heft 12. Aus einer ähnlichen Richtung kam auch die Debatte über einen «Extremismus der Mitte». Siehe Wolf-Dieter Narr, «Vom Extremismus der Mitte», *Politische Vierteljahresschrift* 34 (1993), Heft 1.
12 Siehe Jean-Claude Caron, «Extrémisme parlementaire et extrémisme politique sous la restoration», in: Michel Biard, Pierre Serna, Bernard Gainot und Paul Pasteur (Hg.), *Extrême? Identités*

partisanes et stigmatisation des gauches en Europe, Rennes 2019, S. 175–185.

13 Siehe Astrid Bötticher, «Towards Academic Consensus Definitions of Radicalism and Extremism», *Perspectives on Terrorism* 11 (2017), Heft 4, S. 73–77.

14 Zit. nach Douglas Long, *Fundamentalists and Extremists*, New York 2002, S. 23.

15 Backes und Jesse, *Politischer Extremismus*, S. 29–46.

16 Edgar Metzler, *Let's Talk About Extremism*, Scottsdale 1968.

17 J. M. Berger, *Extremism*, Cambridge 2018, S. 82. Siehe auch Amartya Sen, *Identity and Violence: The Illusion of Destiny*, London 2006, S. 18–39; Cass Sunstein, *Going to Extremes: How Like Minds Unite and Divide*, Oxford 2009.

18 Seymour Martin Lipset und Earl Raab, *The Politics of Unreason: Right-Wing Extremism in America, 1790–1970*, New York 1970, S. 5 f.

19 In Deutschland unterscheiden staatliche Behörden zwischen Rechtsradikalismus und Rechtsextremismus, wobei radikale Akteure zwar für fundamentale Reformen eintreten, aber an den Grundprinzipien liberaler Demokratie nicht rütteln. Populismus beinhaltet einen politischen «Stil», der eine Konfrontation zwischen Volk und Eliten heraufbeschwört. Wie Kapitel 7 zeigt, können Populisten sowohl radikal als auch extrem in ihren politischen Zielen sein. Siehe Cas Mudde, «Introduction to the Populist Radical Right», in: ders. (Hg.), *The Populist Radical Right: A Reader*, London 2017, S. 3–5. Siehe auch Hans-Georg Betz, «The Radical Right and Populism», in: Jens Rydgren (Hg.), *The Oxford Handbook of the Radical Right*, Oxford 2018, S. 86–104.

20 Siehe Kai Arzheimer, «The Eclectic, Erratic Biography on the Extreme Right in Western Europe»; https://www.kai-arzheimer.com/extreme-right-western-europe-bibliography/.

21 Elisabeth Carter, *The Extreme Right in Western Europe*, Manchester 2013; Piero Ignazi, *Extreme Right Parties in Western Europe*, Oxford 2003; Cas Mudde, *The Ideology of the Extreme Right*, Manchester 2013.

22 Siehe Federico Finchelstein, *From Fascism to Populism in History*, Berkeley 2019.

23 Der Begriff «Konservative Revolution» wurde vom rechtsextremen Autor und Aktivisten Armin Mohler «erfunden», um eine konservative Tradition jenseits von Hitler und den Nationalsozialisten

zu etablieren. Mit den Gruppen und Autoren, die er auflistete, besonders Völkische, «Jungkonservative» und Nationalrevolutionäre, zeigte er jedoch genau, aus welchen Traditionen der Nationalsozialismus schöpfte. Siehe Armin Mohler, *Die Konservative Revolution in Deutschland 1918–1932* (1949), Graz 2006.

24 Siehe Stefan Breuer, *Anatomie der Konservativen Revolution*, Darmstadt 2009; Armin Pfahl-Traughber, *Konservative Revolution und Neue Rechte*, Wiesbaden 1998; Thomas Wagner, *Die Angstmacher. 1968 und die Neuen Rechten*, Berlin 2017; Volker Weiß, *Die autoritäre Revolte. Die Neue Rechte und der Untergang des Abendlands*, Berlin 2017.

25 «Westen» ist kein geografischer, sondern ein ideengeschichtlicher Begriff, der sich auf die Staaten und Gesellschaften bezieht, in denen die Werte der Aufklärung verwurzelt sind. Heutzutage umfasst dies im allgemeinen Verständnis die liberalen Demokratien in Nordamerika, Westeuropa sowie Australien und Neuseeland. Siehe Peter R. Neumann, *Die neue Weltunordnung. Wie sich der Westen selbst zerstört*, Berlin 2022, S. 7–10.

Teil eins: Wurzeln

1. Pessimismus

1 Zit. nach «Full text: 2017 Trump inauguration speech transcript», *Politico*, 20. Januar 2017; https://www.politico.com/story/2017/01/full-text-donald-trump-inauguration-speech-transcript-233907.

2 Zit. nach Abigail Tracey, «George W. Bush finally says what he thinks about Trump», *Vanity Fair*, 19. Oktober 2017; https://www.vanityfair.com/news/2017/10/george-w-bush-donald-trump.

3 Siehe Benjamin Teitelbaum, *War for Eternity: The Return of Traditionalism and the Rise of the Populist Right*, London 2020.

4 Siehe Mark Sedgwick, *Against the Modern World: Traditionalism and the Secret Intellectual History of the Twentieth Century*, Oxford 2009.

5 Thomas F. Bertonneau, «The Kali Yuga: René Guénon's Critique of Modernity», *Brussels Journal*, 13. Dezember 2010; https://www.brusselsjournal.com/node/4603.

6 Sedgwick, *Against the Modern World*, S. 25.

7 Anton Shekhovtsov, «Is Aleksandr Dugin a Traditionalist? ‹Neo-

Eurasianism› and Perennial Philosophy», *The Russian Review* 68 (2009), Heft 4, S. 662–678.

8 Siehe Jason Horowitz, «Steve Bannon Cited Italian Thinker Who Inspired Fascists», *New York Times*, 10. Februar 2017.

9 Joshua Green, *Devil's Bargain: Steve Bannon, Donald Trump, and the Nationalist Uprising*, New York 2017, S. 223.

10 Mircea Eliade, *Kosmos und Geschichte. Der Mythos der ewigen Wiederkehr*, Frankfurt a. M. 1984, S. 128 f.

11 Bai Chun Xiao, «The Cyclic Views of the Human Condition in Thucydides' Archaeology and Siam Qian's Preface to Historical Records», *Research Bulletin* 5 (2017), Heft 1; https://research-bulletin.chs.harvard.edu/2017/04/17/thucydides-sima-qian/.

12 Eliade, *Kosmos und Geschichte*, S. 126–134.

13 Siehe Jürgen Knoppik, «Leibniz' Fortschrittskriterium: Das Übergehen zu Neuem», *Studia Leibnitiana* 29 (1997), Heft 1, S. 45–62.

14 Eliade, *Kosmos und Geschichte*, S. 132–137.

15 Ebd., S. 137.

16 Ibn Khaldun, *Die Muqaddima. Betrachtungen zur Weltgeschichte*, München 2011

17 Siehe Edward N. Luttwak, «Toward Post-Heroic Warfare», *Foreign Affairs* 74 (1995), Heft 3.

18 Siehe Evelyn Fishburn und Psiche Hughes, *A Dictionary of Borges*, London 1990, S. 207.

19 Giambattista Vico, *Die neue Wissenschaft über die gemeinschaftliche Natur der Völker*, nach der Ausgabe von 1744, Berlin 2000, S. 422.

20 Nietzsche behauptete, dass ihm die Idee hierfür während eines Spaziergangs an einem Schweizer See gekommen sei. Doch das Konzept beruhte im Wesentlichen auf den Theorien der Stoiker, die Nietzsche seit Jahren bekannt waren. Obwohl Nietzsche als Kritiker der Moderne bekannt wurde, ging es ihm hierbei vermutlich nicht um Geschichte oder Politik. Eine plausible Interpretation lautet, dass die «ewige Wiederkunft» eine Art «heidnische Bergpredigt» war, mit der Nietzsche seine Leser ermutigen wollte, ihr Schicksal in die eigene Hand zu nehmen. Siehe Karl Löwith, *Nietzsches Philosophie der ewigen Wiederkehr des Gleichen* (1935), Hamburg 2014, S. 125.

21 Oswald Spengler, *Der Untergang des Abendlandes. Umrisse einer Morphologie der Weltgeschichte* (1918/1923), Köln 2017.

22 Ebd., S. 29.

23 Ebd., S. 24.

24 Ebd., S. 36.
25 Ebd., S. 35.
26 Ebd., S. 37.
27 Ebd., S. 56.
28 Ulrich Wyrwa, «Spengler, Oswald», in: Wolfgang Benz (Hg.), *Handbuch des Antisemitismus*, Bd. 2: *Personen*, Berlin 2009, S. 784–786.
29 Kießling, *Das neue Volk*, S. 62–64.
30 Ebd., S. 53.
31 René Guénon, *Die Krise der modernen Welt* (1927), Berlin 2020, S. 162.
32 Ebd., S. 170.
33 Ebd.
34 Sedgwick, *Against the Modern World*, S. 76–80.
35 Siehe Robert Steuckers, «Evola and Spengler», *Centro Studi La Runa*, 14. Oktober 2010; https://www.centrostudilaruna.it/evola-and-spengler.html.
36 Julius Evola, *Riding the Tiger: A Surviving Manual for the Aristocrats of the Soul* (1961), Rochester 2009, S. 10.
37 Tobias Hof, «Of Hobbits and Tigers: The Unlikely Heroes of Italy's Radical Right», *Fair Observer* 23. Dezember 2020; https://www.fairobserver.com/region/europe/tobias-hof-radical-right-jrr-tolkien-julius-evola-italy-terrorism-news-41662/.
38 Matthew Kriner, «An Introduction to Militant Accelerationism», *ARC*, undatiert; https://www.accresearch.org/shortanalysis/an-introduction-to-militant-accelerationism.
39 Francis Parker Yockey, *Imperium: The Philosophy of History and Politics*, Wentzville 2011.
40 Anthony Mostrom, «America's ‹Mein Kampf›: Francis Parker Yockey and ‹Imperium› », *LA Review of Books*, 8. August 2020; https://lareviewofbooks.org/article/americas-mein-kampf-francis-parker-yockey-imperium/.
41 Ähnliche Formulierungen gab es bereits während der Weimarer Republik. Siehe Roger Griffin, «Interregnum or Endgame? The radical right in the ‹post-fascist› era», *The Journal of Political Ideologies* 5 (2000), Heft 2, S. 163–178.
42 Siehe Thomas Carlyle, *On Heroes, Hero-Worship, and the Heroic in History. Six Lectures.* London 1841.
43 Siehe «Trump: I alone can fix the system», *CNBC*, 21. Juli 2016; https://www.cnbc.com/video/2016/07/21/trump-i-alone-can-fix-the-system.html.

2. Ordnung

1 Roger Friedland, «Virgin Homicides: The Matrix of Elliot Rodger's Mass Murder in Santa Barbara», *Reset Dialogues*, 4. Juni 2014; https://www.resetdoc.org/story/virgin-homicides-the-matrix-of-elliot-rodgers-mass-murder-in-santa-barbara/.

2 Siehe «Incels: A Guide to Symbols and Terminology», *Moonshot*, Juni 2020; https://moonshotteam.com/resource/incels-a-guide-to-symbols-and-terminology/.

3 Karl Mannheim, *Ideologie und Utopie*, Frankfurt a. M. 1929, S. 199.

4 Zit. nach Helmut Kellershohn, «Es geht um Einfluss auf die Köpfe – Das Institut für Staatspolitik», Bundeszentrale für politische Bildung, Dossier Rechtsextremismus, 7. Juli 2016; https://www.bpb.de/themen/rechtsextremismus/dossier-rechtsextremismus/230002/es-geht-um-einfluss-auf-die-koepfe-das-institut-fuer-staatspolitik/#footnote-target-33. Gerade in letzter Zeit haben Konservative selbst diesen Ansatz immer wieder auch kritisiert. Simon Kießling zum Beispiel meint: «Solange sich das konservative/rechte Lager auf eine reine Verteidigungshaltung kapriziert, wird es sich auch weiterhin im dauernden Rückzug befinden.» Siehe Kießling, *Das neue Volk*, S. 8 f.

5 Zit. nach Philip Shaw, *The Sublime: The New Critical Idiom*, Abingdon 2006, S. 64.

6 «Extract from the Speech of Edmund Burke, 9 February 1790», *National Archives*, undatiert; https://founders.archives.gov/documents/Jefferson/01-16-02-0138-0005.

7 Ebd.

8 Siehe Elisha Greifer, «Joseph de Maistre and the Reaction against the Eighteenth Century», *The American Political Science Review* 55 (1961), Heft 3, S. 591 f.

9 Zit. nach Chilton Williamson, «Joseph de Maistre, revolution, and tradition», *Catholic World Report*, 5. Juli 2019; https://www.catholicworldreport.com/2019/07/05/joseph-de-maistre-revolution-and-tradition/.

10 Joseph de Maistre, *Abendstunden zu St. Petersburg*, Zweiter Teil, Frankfurt a. M. 1825, S. 30.

11 Zit. nach Isaiah Berlin, *Joseph de Maistre: Considerations on France*, Cambridge 1994, S. XI.

12 Siehe Rüdiger Safranski, *Romantik. Eine deutsche Affäre*, Frankfurt a. M. 2020, S. 41–66.

13 Anthony La Vopa, «The Revelatory Moment: Fichte and the French Revolution», *Central European History* 22 (1989), Heft 2, S. 130 f.

14 Siehe Johann Gottlieb Fichte, *Reden an die deutsche Nation*, in: ders., *Sämmtliche Werke*, Bd. 7, Berlin 1845/1846, S. 359–377 (Siebente Rede).

15 George L. Mosse, *The Crisis of German Ideology: Intellectual Origins of the Third Reich*, New York 1987, S. 1 f.

16 Ebd., S. 15–32.

17 Ebd., S. 7.

18 Roger Scruton, «Identity, family, marriage: our core conservative values have been betrayed», *The Guardian*, 11. Mai 2013; https://www.theguardian.com/commentisfree/2013/may/11/identity-family-marriage-conservative-values-betrayed.

19 Ebd.

20 Siehe Markus Krall, *Die bürgerliche Revolution. Wie wir unsere Freiheit und unsere Werte erhalten*, Stuttgart 2020.

21 Dominik Feusi, «Freiheit braucht Heimat», *Die Weltwoche*, 8. Dezember 2022.

22 Zit. nach J. S. McClelland (Hg.), *The French Right: From de Maistre to Maurras*, New York 1970, S. 253.

23 Zit. nach Erik von Kuehnelt-Leddihn, «Monarchy and War», in: Hans-Hermann Hoppe (Hg.), *The Myth of National Defense: Essays on the Theory and History of Security Production*, Auburn 2003, S. 123.

24 Siehe James McAuley, «France backs down on honoring a famous anti-Semite», *Washington Post*, 28. Januar 2018.

25 Zitiert nach Thomas P. Anderson, *The French Intelligentsia and the Spanish Civil War 1936–39*, unveröffentlichte Dissertation, Loyola Universität Chicago 1965, S. 45; https://ecommons.luc.edu/cgi/viewcontent.cgi?article=1749&context=luc_diss.

26 Siehe Zeev Sternhell, «Fascist Ideology», in: Walter Laqueur (Hg.), *Fascism: A Reader's Guide*, Aldershot 1976, S. 315–376.

27 George Sorel, *Reflections on Violence* (1908), Cambridge 1999, S. 65–108.

28 Der Begriff Querfront wurde allerdings erst in der Weimarer Republik «populär», und zwar ursprünglich im Zusammenhang mit dem Versuch des Reichskanzlers Kurt von Schleicher, hinter Hitlers Rücken eine Koalition aus Konservativen und linken Parteien zu formen. Siehe Henry Ashby Turner Jr., «The Myth of Chancellor

von Schleicher's Querfront Strategy», *Central European History* 41 (2008), S. 673–681.

29 Zitiert nach Sternhell, «Fascist Ideology», S. 326.

30 Siehe Zeev Sternhell, *The Birth of Fascist Ideology: From Cultural Rebellion to Political Revolution*, Princeton 1995, S. 202.

31 Breuer, *Anatomie der Konservativen Revolution.* Siehe auch ders., «Neuer Nationalismus in Deutschland», in: Uwe Backes (Hg.), *Rechtsextreme Ideologien in Geschichte und Gegenwart*, Köln 2003, S. 53–72.

32 Siehe Franz Bauer, *Das «lange» 19. Jahrhundert*, Stuttgart 2004, S. 74–82.

33 Siehe Guillaume Faye, *L'Archéofuturisme*, Paris 1998.

34 Gemessen an diesem Maßstab ist das moderne Regime der Kommunistischen Partei Chinas eher faschistisch als kommunistisch. Siehe John Weeks, «Is China a Fascist State?», *OpenDemocracy*, 19. Juni 2014; https://www.opendemocracy.net/en/is-china-fascist-state/.

3. Identität

1 «Anzeigen wegen Körperverletzung nach Identitären-Aktion», *Der Standard*, 15. April 2016; https://www.derstandard.at/story/2000034915518/identitaere-stuerme-auffuehrung-im-audimax-der-uni-wien.

2 Andreas Speit, «Reaktionärer Klan. Die Entwicklung der Identitären Bewegung in Deutschland», in: ders. (Hg.), *Das Netzwerk der Identitären. Ideologie und Aktionen der Neuen Rechten*, Berlin 2018, S. 17–41; ders., «Identitärer Aufbruch: Die Vorbilder und Vordenker aus Frankreich», in: ebd., S. 42–55.

3 Siehe Massimiliano Capra Casadio, «The New Right and Metapolitics in France and Italy», *Journal for the Study of Radicalism* 8 (2014), Heft 1, S. 45–86.

4 Siehe Volker Weiß, *Die autoritäre Revolte*, Kapitel 7.

5 Siehe Herbert Kitschelt, *The Radical Right in Western Europe: A Comparative Analysis*, Ann Arbor 1995, S. 257–273.

6 Mosse, *The Crisis of German Ideology*, S. 31.

7 Maurice Barrès, *La terre et les morts*, Paris [1899], S. 23.

8 Martin Heidegger, *Briefwechsel mit den Eltern und Briefe an die Schwester*, hg. von Jörg Heidegger und Alfred Denker, Freiburg und München 2013, S. 51. Zu Heideggers Vorstellungen von Heimat, Boden und «Verwurzelung» samt antisemitischer Konnotation siehe

Peter Trawny, *Heidegger-Fragmente. Eine philosophische Biographie*, Frankfurt a. M. 2018, S. 76 ff. (dort auch der zitierte Brief).

9 Siehe Kurt Lenk, Günter Meuter, Henrique Ricardo Otten, *Vordenker der Neuen Rechten*, Frankfurt a. M. 1997, S. 117.

10 Siehe Ronald Beiner, *Dangerous Minds: Nietzsche, Heidegger, and the Return of the Far Right*, Philadelphia 2018, S. 108.

11 Siehe Alain de Benoist, «The New Right: Forty Years After», in: Tomislav Sunic, *Against Democracy and Equality: The European New Right*, London 1990. Inwiefern Heideggers Philosophie mit solchen Identitätsvorstellungen und Ideologien tatsächlich vereinbar ist, kann hier nicht diskutiert werden. Die Veröffentlichung von Heideggers privaten Notizen, den «Schwarzen Heften», verdeutlicht jedoch, wie sehr Heideggers Denken vor allem auch während der Machtergreifung der Nazis und des Zweiten Weltkriegs von rassisch-völkischen und antisemitischen Vorstellungen durchzogen war. Siehe Richard Wolin, *Heidegger in Ruins: Between Philosophy and Ideology*, New Haven 2023, besonders Kapitel 5 «Earth and Soil: Heidegger and the National Socialist Politics of Space».

12 Martin Sellner, «Volk – Aufgabe statt Konstrukt», *Sezession*, 10. Januar 2017; https://sezession.de/56954/volk-aufgabe-statt-konstrukt-ii. Siehe auch Martin Sellner und Walter Spatz, *Gelassen in den Widerstand. Ein Gespräch über Heidegger*, Schnellroda 2015.

13 Siehe Beiner, *Dangerous Minds*, S. 67.

14 Siehe Brian Hughes, David Jones und Amarnath Amarasingam, «Ecofascism: An Examination of the Far Right/Ecology Nexus in the Online Space», *Terrorism and Political Violence* 34 (2022), Heft 5.

15 Siehe Julian Göpffarth, «Why did Heidegger emerge as the central philosopher of the far right?», *Open Democracy*, 23. Juni 2020; https://www.opendemocracy.net/en/countering-radical-right/why-did-heidegger-emerge-central-philosopher-far-right/.

16 Siehe Sofia Vasilopoulou, «The Radical Right and Euroscepticism», in: Rydgren, *The Oxford Handbook of the Radical Right*, S. 122–140.

17 Siehe «Mitteleuropa und Multipolarität», *Von rechts gelesen – Podcast Jungeuropa*, undatiert; https://podcast.jungeuropa.de/.

18 Siehe Sunic, *Against Democracy and Equality*.

19 Siehe Rogers Brubaker, «Between nationalism and civilizationism: the European populist moment in comparative perspective», *Ethnic and Racial Studies* 40 (2017), Heft 8, S. 1191–1126.

20 Über die Einstellung zu Juden und Israel gab es innerhalb der Rechtsextremen in den letzten zwanzig Jahren lebhafte Debatten. Grob gesprochen gilt: Je mehr Interesse am populären beziehungsweise elektoralen Erfolg bestand, desto israelfreundlicher (und gleichzeitig islamfeindlicher) wurde man – auch wenn selbst innerhalb israelfreundlicher Parteien nach wie vor ein latenter, manchmal offener Antisemitismus existiert. Siehe Bodo Kahmann, «‹The most ardent pro-Israel party›: Pro-Israel attitudes and anti-antisemitism among populist radical right parties in Europe», *Patterns of Prejudice* 51 (2017), Heft 5, S. 396–411.

21 Guillaume Faye, *Pourquoi nous combattons. Manifeste de la Résistance européenne*, Paris 2001. Im Folgenden zitiert nach der englischen Ausgabe *Why We Fight. Manifesto of the European Resistance*, London 2011.

22 Ebd., S. 39.

23 Ebd., S. 225–230.

24 Siehe z. B. Kießling, *Das neue Volk*, S. 42 f.

25 Faye, *Why We Fight*, S. 88.

26 Guillaume Faye, *Ethnic Apocalypse: The Coming European Civil War*, London 2019, S. 11.

27 Für eine andere Sicht, siehe Ed West, «Did immigration cause the fall of Rome?», *Wrong Side of History*, 29. November 2021; https://edwest.substack.com/p/did-immigration-cause-the-fall-of.

28 Ebd.

29 Siehe John Hutchinson und Anthony Smith (Hg.), *Ethnicity: A Reader*, Oxford 1996, Teil 3 («Ethnicity in History»).

30 Natürlich gab es auch hier Vorläufer in der Antike, aber für das heutige Verständnis von Universalismus ist die Naturrechtstradition entscheidend. Siehe Dale van Kley, *The Religious Origins of the French Revolution: From Calvin to the Civil Constitution, 1560–1791*, New Haven 1996.

31 Für einen hervorragenden Überblick siehe Jean-Yves Camus, «The European Extreme Right and Religious Extremism», in: Andrea Mammone, Emmanuel Godin und Brian Jenkins (Hg.), *Varieties of Right-Wing Extremism in Europe*, London 2013, S. 107–120. Siehe auch Andrew Whitehead und Samuel Perry, *Taking Back America for God: Christian Nationalism in the United States*, Oxford 2020, S. 1–22. Ebenso Alain de Benoist, «Der Konflikt der antiken Kultur mit dem Urchristentum», in: Pierre Krebs (Hg.), *Das unvergäng-*

liche Erbe. Alternativen zum Prinzip der Gleichheit, Tübingen 1981, S. 175–189. Zu den Vorstellungen völkischer Nationalisten siehe Mosse, *The Crisis of German Ideology*, Kapitel 2.

32 Die Vorstellung von einer «arischen» Kultur, die ihren Ursprung angeblich in Indien hatte, geht auf den romantischen Autor Friedrich Schlegel zurück. Siehe Nicholas Goodrick-Clarke, *Black Sun: Aryan Cults, Esoteric Nazism and the Politics of Identity*, New York 2002, S. 89–91.

33 Siehe Frank M. Turner, *European Intellectual History from Rousseau to Nietzsche*, New Haven 2014, S. 181–183.

34 Ebd., S. 175–192.

35 Houston Stewart Chamberlain, *Die Grundlagen des neunzehnten Jahrhunderts*, Bd. 1, Stuttgart 1905, S. 325.

36 Ebd., S. 376.

37 Turner, *European Intellectual History*, S. 186.

38 Madison Grant, *The Passing of the Great Race*, New York 1916; https://www.gutenberg.org/ebooks/68185.

39 Siehe John Richardson und Matthias Wasser, «A Guide to Online Radical-Right Symbols, Slogans and Slurs», *Centre for Analysis of the Radical Right*, April 2020; https://www.radicalrightanalysis.com/wp-content/uploads/2020/05/CARR-A-Guide-to-Online-Radical-Right-Symbols-Slogan-and-Slurs.pdf, S. 66 f. Siehe auch Jörg Rieck, «Zur Debatte der Vererblichkeit der Intelligenz», in: Krebs (Hg.), *Das unvergängliche Erbe*, S. 317–371.

40 Daniel Rueda, «Alain de Benoist, ethnic pluralism and the cultural turn in racism», *Patterns of Prejudice* 55 (2021), Heft 3, S. 228.

41 Siehe «Three Interviews with Alain de Benoist», *Telos,* Dezember 1993, S. 173–207. Siehe auch Pierre-André Taguieff, «Discussion or Inquisition? The Case of Alain de Benoist», *Telos,* Dezember 1993, S. 34–54.

42 Benoists Ethnopluralismus wurde mehrfach als System der «globalen Apartheid» beschrieben. Siehe Michael Minkenberg, «The European Radical Right and Xenophobia in East and West: Trends, Patterns and Challenges», in: Ralf Melzer und Sebastian Serafin (Hg.), *Right-Wing Extremism in Europe*, Berlin 2013, S. 19; https://library.fes.de/pdf-files/dialog/10031.pdf. Für Faye hingegen gingen die von Benoist vorgeschlagenen Veränderungen bereits zu weit. Siehe Michael O'Meara, «The Faye-Benoist debate on multiculturalism», *La Nueva Derecha*, 11. Mai 2004; reproduziert abrufbar

unter: https://www.theapricity.com/forum/showthread.php?790-The-Faye-Benoist-debate-on-Multiculturalism.

43 Sellner, «Volk».

44 Faye, *Why We Fight*, S. 226.

45 Siehe Martin Sellner, «Ethnische Wahl: AfD auf Abwegen», *Sezession*, 14. Februar 2023.

46 Siehe Artistotle Kallis, «The Radical Right and Islamophobia», in: Rydgren, *The Oxford Handbook of the Radical Right*, S. 42–60. Siehe auch Hans-Georg Betz und Susi Meret, «Revisiting Lepanto: The Political Mobilization against Islam in Contemporary Western Europe», *Patterns of Prejudice* 43 (2009), Heft 3, S. 313–334; Lars Erik Berntzen, *Liberal Roots of Far Right Activism*, London 2020, S. 1–25.

47 Siehe verschiedene Beiträge in Alice Schwarzer (Hg.), *Der Schock. Die Silvesternacht in Köln*, Köln 2016.

48 Siehe Alice Schwarzer, «Den nicht islamistischen Muslimen müssen wir beistehen», *Die Welt*, 20. März 2018; https://www.welt.de/debatte/kommentare/plus174745693/Alice-Schwarzer-zur-Islam-Debatte-Toleranten-Muslimen-beistehen.html.

49 Siehe Schwarzer, *Der Schock*, S. 19.

50 Alice Schwarzer, «Gotteskrieger & falsche Toleranz», *Emma*, 12. Dezember 2014; https://www.emma.de/artikel/gotteskrieger-oder-die-falsche-toleranz-318143.

51 Ebd.

52 Stürzenberger ist Betreiber des islamfeindlichen Blogs *Politically Incorrect*.

53 Berntzen, *Liberal Roots of Far Right Activism*.

54 Wolfgang Benz, *Die Feinde aus dem Morgenland. Wie die Angst vor den Muslimen unsere Demokratie gefährdet*, München 2016, S. 14.

55 Kießling, *Das neue Volk*, S. 9.

56 Ebd., S. 40.

57 Ebd., S. 78.

58 Ebd., S. 76, 80.

59 Ebd., S. 77.

60 Ebd., S. 75.

61 Siehe auch Simon Kießling, *Selbstaufgabe einer Zivilisation? Gender Mainstreaming, No Border, One World*, Bad Schussenried 2022.

62 Martin Sellner, «‹Das neue Volk›: Was soll das sein?», *Sezession*, 22. März 2023; https://sezession.de/67292/das-neue-volk-was-soll-das-sein.

63 @MSLive_aut, 14. April 2023.

Teil zwei: Logiken

4. Angst

1 Brenton Tarrant, *The Great Replacement: Towards a New Society*, 15. März 2019.

2 Ebd.

3 Ebd.

4 Zum Ursprung und zur zweideutigen Verwendung des Begriffs «Globalismus» siehe Ben Zimmer, «The Origins of the ‹Globalist› Slur», *The Atlantic*, 14. März 2018; https://www.theatlantic.com/politics/archive/2018/03/the-origins-of-the-globalist-slur/555479/.

5 Siehe David Coleman und Robert Rowthorne, «Who's Afraid of Population Decline? A Critical Examination of Its Consequences», *Population and Development Review* 37 (2011), Heft 1, S. 217–248.

6 Die in diesem Kapitel präsentierten Theorien sind lediglich eine Auswahl. Es gibt zahlreiche andere Beispiele, so etwa der «Kalergi-Plan» oder «Hooton-Plan». Siehe Roland Clark, «Kalergi Plan: The Undying ‹White Genocide› Conspiracy Theory», *Rantt*, 2. Mai 2020; https://rantt.com/the-kalergi-plan-explained. «The Great Replacement: An Explainer», *Anti-Defamation League*, 19. April 2021; https://www.adl.org/resources/backgrounder/great-replacement-explainer.

7 Lothrop Stoddard, *The Rising Tide of Color Against White World-Supremacy*, New York 1921, S. 153, 182; https://archive.org/details/risingtideofcolooostoduoft/page/n13/mode/2up?view=theater

8 Ebd., S. 165 f., 196, 220 f.

9 Zit. nach Ian Frazier, «When W. E. B. DuBois Made a Laughingstock of a White Supremacist», *The New Yorker*, 19. August 2019; https://www.newyorker.com/magazine/2019/08/26/when-w-e-b-du-bois-made-a-laughingstock-of-a-white-supremacist.

10 Siehe Stefan Kühl, *The Nazi Connection: Eugenics, American Racism, and German National Socialism*, Oxford 2002, S. 74, 92.

11 George Michael, «David Lane and the Fourteen Words», *Totalitarian Movements and Political Religions* 10 (2009), Heft 1, S. 43–56.

12 Nancy Egan, «The Turner Diaries», *Britannica*, undatiert; https://www.britannica.com/topic/The-Turner-Diaries

13 Siehe Andrew Macdonald, *The Turner Diaries*, New York 1996.

14 Der größte davon war ein Anschlag auf das Bundesgebäude in Oklahoma City im April 1995, bei dem 168 Menschen ums Leben kamen. Der Attentäter hatte die *Turner Diaries* nicht nur gelesen, sondern auch Freunden weiterempfohlen. Siehe Jo Thomas, «Behind a Book that Inspired Timothy McVeigh», *New York Times*, 9. Juni 2001.

15 Siehe John Pollard, «Skinhead Culture: the ideologies, mythologies, religions and conspiracy theories of racist skinheads», *Patterns of Prejudice* 50 (2016), Heft 4, S. 398–419.

16 Siehe Jérôme Dupuis, «Le camp des Saints, de Jean Raspail, un succès de librairie raciste?», *L'Express*, 6. April 2011; https://www.lexpress.fr/culture/livre/le-camp-des-saints-de-jean-raspail-un-succes-de-librairie-raciste_980039.html.

17 Jean Raspail, *Le Camp des Saints*, Paris 2011, S. 24.

18 Patrice de Méritens, «Jean Raspail ‹Aujourd'hui, *Le Camp des Saints* pourrait être poursuivi en justice pour 87 motif›», *Le Figaro*, 5. Februar 2011; https://www.lefigaro.fr/lefigaromagazine/2011/02/05/01006-20110205ARTFIG00621-jean-raspail-aujourd-hui-le-camp-des-saints-pourrait-etre-poursuivi-en-justice-pour-87-motifs.php.

19 Siehe Elian Peltier und Nicholas Kulish, «A Racist Book's Malign and Lingering Influence», *New York Times*, 22. November 2019; https://www.nytimes.com/2019/11/22/books/stephen-miller-camp-saints.html.

20 Bat Ye'or ist hebräisch und bedeutet «Tochter des Nils», womit Littman ihre ägyptische Herkunft andeutet.

21 Bat Ye'or, *Eurabia: The Euro-Arab Axis*, Madison 2005, S. 23–29.

22 Siehe Alexander Meleagrou-Hitchens und Hans Brun, *A Neo-Nationalist Network: The English Defence League and Europe's Counter-Jihad Movement*, London 2013, S. 46; https://icsr.info/wp-content/uploads/2013/03/ICSR-Report-A-Neo-Nationalist-Network-The-English-Defence-League-and-Europe%E2%80%99s-Counter-Jihad-Movement.pdf.

23 Renaud Camus, *You Will Not Replace Us!*, Plieux 2018, S. 165

24 Thilo Sarrazin, *Deutschland schafft sich ab. Wie wir unser Land aufs Spiel setzen*, München 2010.

25 Zit. nach Sabine am Orde, «Zentralrat der Juden fordert Rücktritt»,

taz, 10. Oktober 2009; https://taz.de/Skandal-um-Bundesbanker-Sarrazin/!5154667/.

26 Siehe Jay Julian Rosellini, *The German New Right: AfD, PEGIDA and the Re-Imagining of National Identity*, London 2019, S. 1–29.

27 Ebd., S. 21.

28 Thilo Sarrazin, *Wunschdenken. Europa, Währung, Bildung, Einwanderung – warum Politik so häufig scheitert*, München 2016.

29 Akif Pirinçci, «Akif Pirincci: ‹Ich bin mit jeder Faser Deutscher› », *PI-News*, 26. Februar 2009; https://www.pi-news.net/2009/02/akif-pirincci-ich-bin-mit-jeder-faser-deutscher/.

30 Akif Pirinçci, «Das Schlachten hat begonnen», *Achgut.com*, 25. März 2013; https://www.achgut.com/artikel/das_schlachten_hat_begonnen.

31 Akif Pirinçci, *Deutschland von Sinnen. Der irre Kult um Frauen, Homosexuelle und Zuwanderer*, Lüdinghausen 2014, S. 200.

32 Siehe Rosellini, *The German New Right*, S. 53.

33 Ebd., S. 57.

34 Auch für Deutschland ließen sich leicht weitere Beispiele anführen, nicht zuletzt Rolf Peter Sieferles posthum veröffentlichter Band *Finis Germania*, der 2017 in Götz Kubitscheks Antaios-Verlag erschien und zum Bestseller wurde.

5. Flucht

1 Siehe René Guénon, *Orient et Occident*, Paris 1924.

2 Guénon, *Krise der modernen Welt*, S. 159.

3 David Engels, *Was tun?*, Bad Schmiedeberg 2020, S. 63.

4 Ebd., S. 63 f.

5 Ebd., S. 197.

6 Ebd., S. 86.

7 Ebd., S. 75.

8 Dies ist – nicht zufällig – auch der Name der von Götz Kubitschek und seinem «Institut für Staatspolitik» herausgegebenen Zeitschrift; https://sezession.de/.

9 Mosse, *The Crisis of German Ideology*, S. 108–112.

10 Varuna ist der Name eines hinduistischen Himmelsgottes.

11 Mosse, *The Crisis of German Ideology*, S. 113.

12 Ebd., S. 113–115.

13 Spätere Siedlungsprojekte wurden hiervon jedoch stark beeinflusst. Siehe Ulrich Linse, «Völkisch-jugendbewegte Siedlungen im 20. und

21. Jahrhundert», in: Gideon Botsch und Josef Haverkamp (Hg.), *Jugendbewegung, Antisemitismus und rechtsradikale Politik. Vom «Freideutschen Jugendtag» bis zur Gegenwart*, Berlin 2014, S. 45.

14 Ebd.

15 Siehe «Von Navajos und Edelweißpiraten. Unangepasstes Jugendverhalten in Köln 1933–45», *Museen Köln*, undatiert; http://www.museenkoeln.de/ausstellungen/nsd_0404_edelweiss/db_inhalt.asp?L=87.

16 Siehe Reichsjugendführung der NSDAP (Hg.), *Landdienst der Hitler-Jugend*, Berlin 1942.

17 Zit. nach Linse, «Völkisch-jugendbewegte Siedlungen», S. 56.

18 Ebd.

19 Heinrich-Böll-Stiftung (Hg.), *Braune Ökologen. Hintergründe und Strukturen am Beispiel Mecklenburg-Vorpommerns*, Rostock 2012, S. 63.

20 Linse, «Völkisch-jugendbewegte Siedlungen», S. 56.

21 Siehe «Elohim City», *Anti-Defamation League*, 2012; https://www.adl.org/sites/default/files/documents/assets/pdf/combating-hate/Elohim-City.pdf.

22 Thomas Schmidt-Lux, «Reichsbürgerschaft als symbolische Emigration», in: Christoph und Sophie Schönberger (Hg.), *Die Reichsbürger. Verfassungsfeinde zwischen Staatsverweigerung und Verschwörungstheorie*, Frankfurt a. M. 2020, S. 93–106.

23 Siehe Christoph Schönberger, «Geschichten vom Reich, Geschichten vom Recht. Der Fortbestand des Deutschen Reiches als rechtliche Imagination», in: Schönberger und Schönberger (Hg.), *Die Reichsbürger*, S. 65.

24 Ebd., S. 37–70.

25 Siehe den Dokumentarfilm *Der amtierende Reichskanzler*, Deutschland 2003, abrufbar unter: https://www.youtube.com/watch?v=WTXx47bZccM.

26 Andreas Speit, «Reichsbürger – eine facettenreiche, gefährliche Bewegung», in: ders. (Hg.), *Reichsbürger. Die unterschätzte Gefahr*, Berlin 2017, S. 11–15.

27 Siehe Peter Frühwald, *Mythos Reichsbürger. Der Betrug an der Öffentlichkeit*, Leipzig 2016.

28 Lars Legath, «Reichsbürger und Selbstverwalter. Ein Fall für den Verfassungsschutz?», in: Schönberger und Schönberger, *Reichsbürger*, S. 32. Siehe auch Speit, «Reichsbürger», S. 10 f.

29 Schmidt-Lux, «Reichsbürgerschaft als symbolische Emigration», S. 102, 104.

30 Christoph und Sophie Schönberger, «Die Reichsbürger als Herausforderung für Staat, Gesellschaft und Wissenschaft: Eine Einführung», in: dies. (Hg.), *Reichsbürger*, S. 20.

31 Schönberger, «Geschichten vom Reich, Geschichten vom Recht», S. 66.

32 Siehe Jean-Philipp Baeck, «Wenn er König von Deutschland wär'. Peter Fitzek und sein Imperium in Wittenberg», in: Speit (Hg.), *Reichsbürger*, S. 62–78.

33 Ebd., S. 66.

34 Ebd., 75–78.

35 Legath, «Reichsbürger und Selbstverwalter», S. 28.

36 David Begrich und Andreas Speit, «‹Heiliges Deutsches Reich›. Reichsidee und Reichsideologie der extremen Rechten», in: Speit (Hg.), *Reichsbürger*, S. 22–40.

37 Carsten Janz und Andreas Speit, «‹Wir sind im Krieg›. Waffen innerhalb der Szene», in: Speit (Hg.), *Reichsbürger*, S. 115–132.

38 Siehe Jan Rathje, Martina Renner und Sebastian Leber, «Prozessbeginn gegen Reichsbürger. Wie groß ist die Gefahr?», *Tagesspiegel*, 4. April 2023; https://www.tagesspiegel.de/gesellschaft/prozess beginn-gegen-reichsburger-wie-gross-ist-die-gefahr-9607223.html.

39 Siehe Speit, «Reichsbürger».

40 Joshua Tait, «Mencius Moldbug and Neoreaction», in: Mark Sedgwick (Hg.), *Key Thinkers of the Radical Right: Behind the New Threat to Liberal Democracy*, Oxford 2019, S. 198, 200

41 Ebd., S. 193.

42 Ebd.

43 Ebd., S. 197.

44 Ebd., S. 190–192.

45 Rosie Gray, «Behind the Internet's Anti-Democracy Movement», *The Atlantic*, 10. Februar 2017; https://www.theatlantic.com/politics/archive/2017/02/behind-the-internets-dark-anti-democracy-move ment/516243/.

46 Tait, «Mencius Moldbug and Neoreaction», S. 197.

47 Peter Thiel, «The Education of a Libertarian», *Cato Unbound*, 13. April 2009; https://www.cato-unbound.org/2009/04/13/peter-thiel/education-libertarian/.

48 Tait, «Mencius Moldbug and Neoreaction», S. 196–200.

49 Joe Quirk zusammen mit Patri Friedman, *Seasteading: How Floating Nations Will Restore the Environment, Enrich the Poor, Cure the Sick and Liberate Humanity from Politicians*, New York 2017, S. 38.
50 Ebd., S. 30.
51 Andrew Gumbel, «Peter Thiel's midterm bet», *The Guardian*, 15. Oktober 2022; https://www.theguardian.com/technology/2022/oct/15/peter-thiel-who-is-he-republican-donor-tech-entrepreneur.

6. Kampf

1 Julius Evola, *Revolte gegen die Moderne Welt*, Ostrau 2019, Kapitel 17.
2 Sedgwick, *Against the Modern World*, S. 107.
3 Siehe Jeffrey Scott Brown, «Wobbly Vitalism: Bergson, Sorel, and the Interpretation of Revolutionary Syndicalism in the United States, 1905–195», *The Journal of the Gilded Age and Progressive Era* 17 (2018), Heft 2, S. 345–372.
4 Siehe Lenk u. a., *Vordenker der Neuen Rechten*, S. 124–141. Siehe auch Enno Stahl, *Die Sprache der Neuen Rechten. Populistische Rhetorik und Strategien*, Stuttgart 2019, S. 68–74.
5 Carl Schmitt, *Der Begriff des Politischen*, Berlin 1932, S. 36 f.
6 Ebd., S. 71.
7 Carl Schmitt, *Die geistesgeschichtliche Lage des heutigen Parlamentarismus*, Berlin 1923, S. 63–66.
8 Siehe Duncan Kelly, «Carl Schmitt's Political Theory of Dictatorship», in: Jens Meierhenrich und Oliver Simons (Hg.), *The Oxford Handbook of Carl Schmitt*, Oxford 2016, S. 217–244.
9 Schmitt, *Die geistesgeschichtliche Lage*, S. 42.
10 Siehe William E. Scheuerman, «States of Emergency», in: Meierhenrich und Simons (Hg.), *The Oxford Handbook of Carl Schmitt*, S. 547–569.
11 Schmitt, *Die geistesgeschichtlichte Lage*, S. 16.
12 Peter C. Caldwell, «Controversies over Carl Schmitt: A Review of Recent Literature», *The Journal of Modern History* 77 (2005), Heft 2, S. 357–387.
13 Siehe Melanie Amann, *Angst für Deutschland. Die Wahrheit über die AfD*, Berlin 2017, S. 25–48.
14 Oskar Niedermayer, «Die AfD in den Parlamenten der Länder, des Bundes und der EU. Bipolarität im Selbstverständnis und im Verhalten», *Parlamentsfragen* 49 (2018), Heft 4, S. 896–908.

15 Wolfgang Schroeder, Bernhard Weßels, Christian Neusser und Alexander Berzel, «Parlamentarische Praxis der AfD in deutschen Landesparlamenten», Discussion Paper SP V 2017–102, Juni 2017, Wissenschaftszentrum Berlin, S. 42; https://bibliothek.wzb.eu/pdf/2017/v17-102.pdf.

16 Andreas Kemper, «Wieviel NPD höckt in der AfD?», Blog, 15. März 2015; https://andreaskemper.org/2015/03/15/wieviel-npd-hockt-in-der-afd/.

17 Zit. nach «Höcke-Rede im Wortlaut: ‹Gemütszustand eines total besiegten Volkes› », *Der Tagesspiegel*, 19. Januar 2017; https://www.tagesspiegel.de/politik/gemutszustand-eines-total-besiegten-volkes-5488489.html.

18 Siehe Christian Fuchs und Paul Middelhoff, *Das Netzwerk der Neuen Rechten. Wer sie lenkt, wer sie finanziert und wie sie die Gesellschaft verändern*, Hamburg 2019, S. 47–54, 99–104.

19 Zit. nach Kellershohn, «Es geht um Einfluss auf die Köpfe».

20 Zit. nach ebd.

21 Alain de Benoist, *View from the Right: A Critical Anthology of Contemporary Ideas, Volume III*, London 2019, S. 112–117.

22 Zit. nach Casadio, «The New Right», S. 51.

23 Ebd., S. 49–53.

24 Zit. nach Peter R. Neumann, *Der Terror ist unter uns*, Berlin 2016, S. 165.

25 Zit. nach Neumann, *Die neue Weltunordnung*, S. 235.

26 Vom Gründer der Plattform, dem Amerikaner Andrew Breitbart, stammt der Satz «Politik ist der Kultur nachgeordnet» («Politics is downstream from culture»), den er zur «Doktrin» der von ihm geschaffenen Plattform erhob. Zit. nach Austin Ruse, «Andrew Breitbart Was Wrong?», *Crisis Magazine*, 5. März 2021; https://www.crisismagazine.com/opinion/andrew-breitbart-was-wrong.

27 «Milo Yiannopoulos: Five Things to Know», *Anti-Defamation League*, 3. Oktober 2017; https://www.adl.org/resources/backgrounder/milo-yiannopoulos-five-things-know.

28 Siehe «Full text: ‹How to destroy the Alt-Right by Milo› », *Breitbart*, 19. September 2016; https://www.breitbart.com/social-justice/2016/09/19/milo-destroy-alt-right-speech/.

29 George Hawley, *The Alt-Right: What Everyone Needs to Know*, New York 2018, S. 143. Siehe auch Thomas J. Main, *The Rise of the Alt-Right*, Washington 2018, S. 210–230.

30 Brandy Zadrozny, «YouTube Tested, Trump Approved: How Candace Owens suddenly became the loudest voice of the far right», *CNBC*, 23. Juni 2018; https://www.nbcnews.com/news/us-news/youtube-tested-trump-approved-how-candace-owens-suddenly-became-loudest-n885166.

31 Brendan Joel Kelley, «Lauren Southern: The Alt-Right's Canadian Dog Whistler», *Southern Poverty Law Center*, 7. November 2017; https://www.splcenter.org/hatewatch/2017/11/07/lauren-southern-alt-right's-canadian-dog-whistler.

32 Siehe Patrik Hermansson, David Lawrence, Joe Mulhall and Simon Murdoch, *The International Alt-Right: Fascism for the 21st Century?*, London 2020, S. 11–23. Siehe auch George Hawley, *Making Sense of the Alt-Right*, New York 2017.

33 Tamir Bar-On, «Richard Spencer and the Alt-Right», in: Sedgwick (Hg.), *Key Thinkers of the Radical Right: Behind the New Threat to Liberal Democracy*, Oxford 2019, S. 227.

34 Siehe Madison Kircher, «4 Key Takeaways from the Monster Milo Yiannopoulos Leak», *The Intelligencer*, 6. Oktober 2017; https://nymag.com/intelligencer/2017/10/4-key-takeaways-from-the-monster-milo-yiannopoulos-leak.html.

35 Joshua Barajas, «Nazi salutes ‹done in a spirit of irony and exuberance›, alt-right leader says», *PBS Newshour*, 22. November 2016; https://www.pbs.org/newshour/politics/white-nationalist.

36 Siehe Angela Nagle, *Kill All Normies: Online Culture Wars from 4Chan and Tumblr to Trump and the Alt-Right*, Portland 2017.

37 David Kirkpatrick, «Who Is Behind QAnon? Linguistic Detectives Find Fingerprints», *New York Times*, 24. Februar 2022; https://www.nytimes.com/2022/02/19/technology/qanon-messages-authors.html.

38 Peter R. Neumann, «Die gefährlichste Bewegung unserer Zeit», *Der Spiegel*, 10. Januar 2021; https://www.spiegel.de/ausland/sturm-aufs-kapitol-qanon-die-gefaehrlichste-bewegung-unserer-zeit-gastbeitrag-a-26108c0f-9ee2-4304-bbe1-ab00b0b7b7e6. Siehe auch Mike Rothschild, *The Storm Is Upon Us: How QAnon Became a Movement, Cult, and Conspiracy Theory of Everything*, New York 2022, S. XI–XVIII.

39 « ‹Sturm auf Reichstag›: Nazi-Flaggen und QAnon-Anhänger in Berlin», *Euronews*, 30. August 2020; https://de.euronews.com/2020/08/30/nazi-flaggen-und-qanon-anhanger-bei-corona-protesten-in-berlin. Siehe auch «Das ist die Frau, die zum Sturm

auf den Reichstag aufrief», *Tagesspiegel*, 1. September 2020; https://www.tagesspiegel.de/berlin/das-ist-die-frau-die-zum-sturm-auf-den-reichstag-rief-5374342.html.

40 Zit. nach Claudia Buckenmaier, *Wer rettet Amerika? Bericht aus einem verwundeten Land*, Berlin 2022, S. 110.

41 Siehe Neumann, *Die neue Weltunordnung*, S. 69.

42 Robert O. Paxton, *The Anatomy of Fascism*, London 2005, S. 58–62.

43 Dominic Alessio und Kristen Meredith, «Blackshirts for the twenty-first century? Fascism and the English Defence League», *Social Identities* 20 (2014), Heft 1, S. 104–118.

44 Jon Garland und James Treadwell, «‹No Surrender to the Taliban›: Football hooliganism, Islamophobia and the Rise of the English Defence League», *Papers from the British Criminology Conference* 10 (2010), S. 19–35.

45 Elizabeth Morrow und John Meadowcroft, «The Rise and Fall of the English Defence League: Self-Governance, Marginal Members and the Far Right», *Political Studies* 67 (2019), Heft 3, S. 544.

46 Siehe Hilary Pilkington, *Loud and Proud: Passion and Politics in the English Defence League*, Manchester 2016, S. 39.

47 Ebd., S. 8.

48 Zit. nach Morrow und Meadowcroft, «The Rise and Fall of the English Defence League», S. 547.

49 Pilkington, *Loud and Proud*, S. 155–158.

50 Zit. nach Garland und Treadwell, «No Surrender to the Taliban», S. 28.

51 Siehe Joel Busher, «Grassroots Activism in the English Defence League: Discourse and Public (Dis)Order», in: Max Taylor, PM Currie und Donald Holbrook (Hg.), *Extreme Right Wing Political Violence and Terrorism*, London 2013, S. 65–84.

52 Siehe «Amazon bans book co-written by Tommy Robinson from their website», *The Independent*, 7. März 2019; https://www.independent.co.uk/news/uk/home-news/amazon-ban-tommy-robinson-website-koran-a8812111.html.

53 Siehe Jamie Bartlett und Mark Littler, «Inside the EDL: Populist Politics in a Digital Age», *Demos*, November 2011; https://www.demos.co.uk/files/Inside_the_edl_WEB.pdf.

54 «Stoke-on-Trent mosque arsonists jailed», *BBC News*, 8. Dezember 2011; https://www.bbc.co.uk/news/uk-england-stoke-staffordshire-16098897.

55 Alessio und Meredith, «Blackshirts for the twenty-first century?», S. 111.

56 Siehe Morrow und Meadowcroft, «The Rise and Fall of the English Defence League».

57 Zit. nach Paul Jackson und Matthew Feldman, *The EDL: Britain's ‹New Far Right› Social Movement*, Northampton 2011, S. 27.

58 Pierce schrieb Ende der 1980er-Jahre einen zweiten Roman, in dem der Protagonist als «einsamer Wolf» operierte. Siehe Andrew Macdonald, *Hunter*, Hillsboro 1989.

59 Siehe Jeffrey Kaplan, «Leaderless Resistance», *Terrorism and Political Violence* 9 (1997), Heft 3, S. 80–95; Tore Bjørgo, *Terror from the Extreme Right*, Abingdon 1995.

60 Siehe Franco Ferraresi, «The Radical Right in Postwar Italy», *Politics and Society* 16 (1988), Heft 1, S. 72–119.

61 Eine besondere Rolle spielte dabei der rechtslibertäre Philosoph Nick Land. Siehe Andy Beckett, «Accelerationism: how a fringe philosophy predicted the future we live in», *The Guardian*, 11. Mai 2017; https://www.theguardian.com/world/2017/may/11/accelerationism-how-a-fringe-philosophy-predicted-the-future-we-live-in.

62 James Mason, *Siege*, 1992, S. 179.

63 «Atomwaffen and the Siege Parallax: how one Neo-Nazi's life work is fueling a younger generation», *Southern Poverty Law Center*, 22. Februar 2018; https://www.splcenter.org/hatewatch/2018/02/22/atomwaffen-and-siege-parallax-how-one-neo-nazi's-life's-work-fueling-younger-generation.

64 Michael Edison Hayden, «Mysterious Neo-Nazi advocated terrorism for six years before disappearance», *Southern Poverty Law Center*, 21. Mai 2019; https://www.splcenter.org/hatewatch/2019/05/21/mysterious-neo-nazi-advocated-terrorism-six-years-disappearance.

65 Kai Biermann u. a., «Die braune Internationale», *Die Zeit*, 11. Februar 2021; https://www.zeit.de/2021/07/faschismus-international-awd-neonazi-terrorimus-rechtsextremismus.

66 Jonah E. Bromwich, «What is Atomwaffen? A Neo-Nazi Group, Linked to Multiple Murders», *New York Times*, 12. Februar 2018.

67 «Atomwaffen Division», *Southern Poverty Law Center*, undatiert; https://www.splcenter.org/fighting-hate/extremist-files/group/atomwaffen-division.

68 «Atomwaffen Division / National Socialist Order», *Mapping Mi-*

litants, Stanford University, undatiert; https://cisac.fsi.stanford.edu/mappingmilitants/profiles/atomwaffen-division#text_block_23243.

69 Siehe «Advisor to Neo-Nazi Group Atomwaffen Speaks Out», *King 5 News*, 2020; https://www.youtube.com/watch?v=H402W1YSLHw.

70 «Atomwaffen Division / National Socialist Order», *Mapping Militants.*

71 Jonas Mueller-Töwe, «Bundesanwaltschaft ermittelt gegen die ‹Atomwaffendivision›», *t-online*, 14. September 2020; https://www.t-online.de/nachrichten/deutschland/id_88530280/nach-drohungen-bundesanwaltschaft-ermittelt-gegen-die-atomwaffendivision-.html.

72 «Verfassungsschutzbericht 2021», *Bundesministerium des Innern*, 2022, S. 72.

73 Jörg Diehl u. a., «Ermittler sprengen mutmaßliche Terrorgruppe», *Spiegel Online*, 6. April 2022; https://www.spiegel.de/panorama/justiz/atomwaffen-division-ermittler-sprengen-mutmassliche-neo nazi-terrorgruppe-a-e4b2c639-8b0f-4c83-afc6-13e726c0eeb4.

7. Macht

1 Zit. nach Kai Arzheimer und Jürgen Falter, «Die Pathologie des Normalen. Eine Anwendung des Scheuch-Klingemann-Modells zur Erklärung rechtsextremen Denkens und Verhaltens», in: Dieter Fuchs, Edeltraud Roller und Bernhard Weßels (Hg.), *Bürger und Demokratie in Ost und West. Studien zur politischen Kultur und zum politischen Prozess*, Heidelberg 2002, S. 85 – 107. Siehe auch Cas Mudde, «The Populist Radical Rright: A Pathological Normalcy», in: Mudde, *The Populist Radical*, S. 424 – 38.

2 Siehe Klaus von Beyme, «Right-Wing Extremism in Post-War Europe», *Western European Politics* 11 (1988), Heft 2, S. 6 – 13.

3 Diese sind: Finnland (2015 – 17); Griechenland (2015 – 19), Italien (2001 – 06, 2008 – 11, 2018 – 19, seit 2022); Norwegen (2013 – 20), Österreich (2000 – 06, 2017 – 19); die Schweiz (seit 1995) und die Vereinigten Staaten (2017 – 21). In drei Staaten – Dänemark (2001 – 11, 2015 – 19), den Niederlanden (2010 – 12) und Schweden (seit 2022) – haben rechtspopulistische Parteien Minderheitskoalitionen unterstützt. Siehe Raphael Capaul und Christian Ewert, «Moderation of Radical Right-Wing Populist Parties in Western European Governments: A Comparative Analysis», *Swiss Political Science Review* 27 (2021), S. 788.

4 Siehe Lipset, *The Politics of Unreason*, Kapitel 1. Siehe auch Walter

Russell Mead, «The Jacksonian Tradition and American Foreign Policy», *National Interest* 58 (1999/2000), S. 16 f.

5 Siehe Cas Mudde, «The populist zeitgeist», *Government and Opposition* 39 (2004), Heft 4, S. 542–563.

6 Siehe David Smith, Lauren Gambino, Ben Jacobs und Sabrina Siddiqui, «The Conservatives turning against Trump», *The Guardian*, 8. August 2017; https://www.theguardian.com/us-news/2017/aug/08/the-conservatives-turning-against-donald-trump.

7 Zit. nach ebd.

8 Yoram Hazony, *Nationalismus als Tugend*, Graz 2020, S. 45–47. Für eine Kritik siehe Mark Koyama, «A Nationalism Untethered to History», *Liberal Currents*, 25. September 2018; https://www.liberalcurrents.com/a-nationalism-untethered-to-history/.

9 Hazony, *Nationalismus als Tugend*, S. 10.

10 R. R. Reno, *Return of the Strong Gods: Nationalism, Populism, and the Future of the West*, Washington, DC, 2019, S. 97.

11 Ebd., S. XVIII.

12 Anton ist auch der Verfasser eines einflussreichen, unter Pseudonym veröffentlichten Artikels, der Konservative davon überzeugte, trotz aller Zweifel Donald Trump zum Präsidenten zu wählen. Siehe Publius Decius Mus, «The Flight 93 Election», *Claremont Review of Books*, 5. September 2016; https://claremontreviewofbooks.com/digital/the-flight-93-election/.

13 Siehe «National Conservatism: A Statement of Principles», *National Conservatism*, undatiert; https://nationalconservatism.org/national-conservatism-a-statement-of-principles/.

14 Für eine Einordnung, siehe Anton Pelinka, «Die FPÖ in der vergleichenden Parteienforschung. Zur typologischen Einordnung der Freiheitlichen Partei Österreichs», *Österreichische Zeitschrift für Politikwissenschaft* 31 (2002), Heft 3, S. 281–290.

15 Matthias Belafi, «Der Erfolg der FPÖ. Österreichs Parteien- und Regierungssystem unter Druck», *Zeitschrift für Politik* 64 (2017), Heft 3, S. 371.

16 Kurt Richard Luther, «Die Freiheitliche Partei Österreichs (FPÖ) und das Bündnis Zukunft Österreichs (BZÖ)», Keele European Parties Research Unit, Working Paper 22, 2005, S. 20.

17 Reinhard Heinisch, «Die FPÖ – ein Phänomen im internationalen Vergleich. Erfolg und Misserfolg des Identitären Populismus», *Österreichische Zeitschrift für Politikwissenschaft* 33 (2004), Heft 3, S. 258.

18 Luther, «Die Freiheitliche Partei», S. 21.

19 Siehe Belafi, «Der Erfolg der FPÖ», S. 373.

20 Zit. nach «Strache: Flüchtlingswelle ist ‹feindliche Landnahme›», *Die Presse*, 16. Januar 2016; https://www.diepresse.com/4905800/strache-fluechtlingswelle-ist-feindliche-landnahme.

21 Zit. nach «Strache fordert Grenzzaun mit Stacheldraht», *OE24*, 18. November 2015; https://www.oe24.at/oesterreich/politik/strache-fordert-grenzzaun-mit-stacheldraht/212575187.

22 Zit. nach «Strache bei Talk in Hangar 7», *Servus TV*, 6. Oktober 2017; https://www.ots.at/presseaussendung/OTS_20171006_OTS0052/strache-bei-talk-im-hangar-7-kurz-ist-nicht-glaubwuerdig-bild.

23 Siehe «Österreicher verdienen Fairness: Freiheitliches Wahlprogramm zur Nationalratswahl 2017»; https://www.fpoe.at/fileadmin/user_upload/Wahlprogramm_8_9_low.pdf.

24 «Anerkennungsquote bei Asylanträgen in Österreich von 2014 bis 2023», *Statista*, 2023; https://de.statista.com/statistik/daten/studie/572506/umfrage/anerkennungsquote-bei-asylantraegen-in-oesterreich/. «Zahlen zu Asyl in Deutschland», *Bundeszentrale für politische Bildung*, undatiert; https://www.bpb.de/themen/migration-integration/zahlen-zu-asyl/.

25 Siehe «Infografiken und Statistiken», *Bundesamt für Fremdenwesen und Asyl*, undatiert; https://www.bfa.gv.at/403/start.aspx.

26 Ebd.

27 Siehe «Was von der Kurz-Regierung bleibt. Die Bilanz zum Jahresende», *Kontrast.at*, 20. Dezember 2019; https://kontrast.at/regierungsbilanz-oevp-und-fpoe/.

28 Siehe «EuGH-Urteil betreffend die Indexierung der Familienbeihilfe», *Bundeskanzleramt*, undatiert; https://www.bundeskanzleramt.gv.at/agenda/familie/familienbeihilfe/familienbeihilfe-kinderstaendigen-aufenthalts-in-eu-ewr-ch/eugh-urteil-betreffend-die-indexierung-der-familienbeihilfe.html.

29 Siehe Laurenz Ennser-Jedenastik, «The FPÖ's Welfare Chauvinism», *OZP – Austrian Journal of Political Science* 49 (2020), Heft 1, S. 10.

30 Anfang 2019 bemerkte Innenminister Herbert Kickl frustriert: «Das Recht hat der Politik zu folgen und nicht die Politik dem Recht», siehe «Video: Kickl stellt rechtsstaatliches Prinzip in Frage», *Profil*, 21. Januar 2019; https://www.profil.at/oesterreich/video-kickl-orf-report-10610601.

31 Siehe «Österreich wird UN-Migrationspakt nicht unterzeichnen»,

Der Standard, 31. Oktober 2018; https://www.derstandard.at/story/2000090390933/oesterreich-zieht-sich-aus-globalem-uno-migrationspakt-zurueck.

32 Siehe Elisabeth Holzer-Ottawa, «Kontrollen an den Grenzen. Kickls ‹Puma› weiter aktiv», *Kurier*, 20. Mai 2022; https://kurier.at/chronik/oesterreich/kontrollen-an-den-grenzen-kickls-puma-weiterhin-aktiv/402014544.

33 Siehe Irene Brickner, «Warum Kickl aus Aufnahmestellen ‹Ausreisezentren› macht», *Der Standard*, 27. Februar 2019; https://www.derstandard.at/story/2000098647513/warum-kickl-aus-aufnahmestellen-ausreisezentren-macht.

34 Siehe David Janzen, «Identitäre Abwärtsbewegung», *Die Zeit*, 12. April 2019; https://blog.zeit.de/stoerungsmelder/2019/04/12/identitaere-bewegung-oevp-fpoe-oesterreich_28361.

35 Patrick Gensing, «Strache und der ‹Bevölkerungsaustausch›», *Tagesschau*, 30. April 2019; https://www.tagesschau.de/faktenfinder/bevoelkerungsaustausch-strache-101.html.

36 Siehe Helmut Brandstätter, *Kurz & Kickl. Ihr Spiel mit Macht und Angst*, Wien 2019, Kapitel 8.

37 Thomas Prior, «Strache: Gescheitert an der eigenen Hybris», *Die Presse*, 18. Mai 2019; https://www.diepresse.com/5630521/strache-gescheitert-an-der-eigenen-hybris.

38 Ruth Wodak, «Vom Rand in die Mitte – schamlose Normalisierung», *Politische Vierteljahresschrift* 59 (2018), S. 323–335. Siehe auch Markus Rheindorf und Ruth Wodak, «Borders, Fences, and Limits – Protecting Austria from Refugees: Metadiscursive Negotiation of Meaning during the Refugee Crisis», *Journal of Immigrant & Refugee Studies* 16 (2018), Heft 1, S. 15–38.

39 Ennser-Jedenastik, «The FPÖ's Welfare Chauvinism», S. 8 f. Siehe auch David M. Wineroither, «Die Freiheitliche Partei Österreichs (FPÖ) – Trendsetterin mit Hang zur Macht», in: Wolfgang Muno und Christian Pfeiffer (Hg.), *Populismus an der Macht. Strategien und Folgen populistischen Regierungshandelns*, Wiesbaden 2021, S. 283.

40 Zit. nach «Wahl 2017: Konfrontation Sebastian Kurz vs. Heinz Christian Strache», *ORF*, 10. Oktober 2017; https://youtu.be/E6f7GMN_LJY.

41 Zit. nach «Experte: Härterer Asyl-Kurs der SPÖ gilt FPÖ-Stimmen», *Die Presse*, 28. November 2022; https://www.diepresse.com/6221219/experte-haerterer-asyl-kurs-der-spoe-gilt-fpoe-stimmen.

42 Streng genommen war die FPÖ bereits an drei Regierungen beteiligt. Das erste Mal bezieht sich jedoch auf die Jahre 1983 bis 1986, als ihre Orientierung noch liberal-bürgerlich war.

43 Brandstätter, *Kurz & Kickl*, S. 50.

44 Siehe Gernot Bauer, Iris Bonavida und Max Miller, «Radikal geplant», *Profil*, 18. Juni 2023.

45 Tim Alberta, *American Carnage: On the Frontlines of the Republican Civil War*, New York 2019, S. 1.

46 Neumann, *Die neue Weltunordnung*, S. 230–233.

47 Ebd., S. 236 f.

48 Peter R. Neumann, *Bluster: Donald Trump's War on Terror*, Oxford 2020, S. 27.

49 Victor Davis Hanson, *The Case for Trump*, New York 2015, S. 108 f.

50 Neumann, *Bluster*, S. 28 f.

51 Zit. nach «Full text: Donald Trump announces a Presidential bid», *Washington Post*, 16. Juni 2015; https://www.washingtonpost.com/news/post-politics/wp/2015/06/16/full-text-donald-trump-announces-a-presidential-bid/.

52 Siehe Neumann, *Bluster*, S. 38.

53 Siehe Lorraine Woellert, «The Cost of Donald Trump's Deserted Government», *Politico*, 27. April 2018; https://www.politico.com/story/2018/04/27/trump-deserted-government-552971.

54 Neumann, *Bluster*, S. 52–55.

55 Siehe Pete Williams and Doha Madani, «Supreme Court Allows Trump to Tap $2.5b in Pentagon Funds for Border Wall», *NBC News*, 26. Juli 2019; https://www.nbcnews.com/politics/immigration/supreme-court-allows-trump-tap-2-5b-pentagon-funds-border-n1035286.

56 Siehe Simon Romero und Zolan Kanno-Youngs, «Trump's Incomplete Border Wall Is in Pieces that Could Linger for Decades», *New York Times*, 16. März 2021; https://www.nytimes.com/2021/03/16/us/border-wall-trump-biden.html.

57 Nick Miroff, «Trump's Border Wall has been breached more than 3,000 times», *Washington Post*, 2. März 2022; https://www.washingtonpost.com/national-security/2022/03/02/trump-border-wall-breached/

58 Siehe Neumann, *Bluster*, S. 38, 60 f.

59 Ebd., S. 63.

60 Siehe Andrew L. Whitehead und Samuel L. Perry, *Taking America*

Back for God: Christian Nationalism in the United States, Oxford 2020. Siehe auch Annika Brockschmidt, *Amerikas Gotteskrieger. Wie die Religiöse Rechte die Demokratie gefährdet*, Hamburg 2021.

61 Neumann, *Die neue Weltunordnung*, S. 239.

62 Zit. nach «Face the Nation Transcript January 29, 2017: Priebus, McCain, Ellison», *CBS News*, 29. Januar 2017; https://www.cbsnews.com/news/face-the-nation-transcript-january-29-2017-priebus-mccain-ellison/.

63 Alberta, *American Carnage*, S. IX.

64 Stephen Tankel, «Riding the Tiger: How Trump Enables Right-Wing Extremism», *War on the Rocks*, 5. November 2018; https://warontherocks.com/2018/11/riding-the-tiger-how-trump-enables-right-wing-extremism/.

65 Siehe William Saletan, «Republicans Still Sympathize with the Insurrection», *Slate*, 15. April 2021; https://slate.com/news-and-politics/2021/04/republican-party-sympathize-capitol-insurrection.html; Max Greenwood, «Nearly three quarters of GOP doubt legitimacy of Biden's win», *The Hill*, 30. Dezember 2021; https://thehill.com/homenews/campaign/587700-nearly-three-quarters-of-gop-doubt-legitimacy-of-bidens-win-poll/.

66 Siehe «Italy votes in its most right-wing government since World War II, Meloni sparks fears of fascism», *CBS News*, 26. September 2022; https://www.cbsnews.com/news/giorgia-meloni-italy-election-results-brothers-of-italy-far-right-wing-government/.

67 Siehe Ferraresi, «The Radical Right in Postwar Italy», S. 74–82.

68 Siehe Sofia Ventura, «Giorgia Meloni und ihre Partei Fratelli d'Italia», *FES Analyse*, August 2022; https://library.fes.de/pdf-files/bueros/rom/19451.pdf.

69 Zit. nach Nicholas Farrell, «Is Giorgia Meloni the most dangerous woman in Europe?», *The Spectator*, 20. August 2022; https://www.spectator.co.uk/article/is-giorgia-meloni-the-most-dangerous-woman-in-europe/.

70 Siehe Valerio Alfonso Bruno und James Downes, «The case of Fratelli d'Italia: How Radical-Right Populists in Italy and Beyond Are Building Global Networks», *Democratic Audit*, 27. Februar 2020; https://eprints.lse.ac.uk/107832/.

71 Siehe Oliver Meiler, «Warum Italien über eine dreifarbige Flamme diskutiert», *Süddeutsche Zeitung*, 15. August 2022; https://www.

sueddeutsche.de/politik/italien-giorgia-meloni-fratelli-d-italia-faschismus-1.5639437; Ruth Ben-Ghiat, «The Return of Fascism in Italy», *The Atlantic*, 23. September 2022; https://www.theatlantic.com/international/archive/2022/09/giorgia-meloni-italy-election-fascism-mussolini/671515/.

72 Siehe Giorgio Ghiglione, «Why Giorgia Meloni Won't Distance Herself from Italy's Fascist Past», *Foreign Policy*, 6. Februar 2023; https://foreignpolicy.com/2023/02/06/why-giorgia-meloni-wont-distance-herself-from-italys-fascist-past/; Piero Ignazi, *Partiti politici in Italia,* Bologna 2008, Kapitel 1.

73 Siehe Lorenzo de Cicco, «Chi è Giovanbattista Fazzolari, il factotum appassionato di armi di Giorgia Meloni», *La Repubblica*, 7. Februar 2023; https://www.repubblica.it/politica/2023/02/07/news/giovanbattista_fazzolari_fdi_governo_meloni_armi-386875642/.

74 Siehe Joanna Sondel-Cedarmas, «Giorgia Meloni's New Europe», in: Joanna Sondel-Cedarmas und Francesco Berti (Hg.), *The Right-Wing Critique of Europe: Nationalist, Sovereignist and Right-Wing Populist Attitudes to the EU*, London 2022, S. 60–63.

75 Zit. nach Nicholas Farrell, «Is Giorgia Meloni the most dangerous woman in Europe?».

76 Elisabetta di Giorgi, Alice Cavalieri und Francesca Feo, «From Opposition Leader to Prime Minister: Giorgia Meloni and Women's Issues in the Italian Radical Right», *Politics and Governance* 11 (2023), Heft 1, S. 108.

77 Siehe Antonio Martella und Franca Monarolo, «Giorgia Meloni in the spotlight: Mobilization and competition strategies in the 2022 Italian election campaign on Facebook», *Contemporary Italian Politics* 15 (2023), Heft 1, S. 93.

78 Siehe Bruno und Downes, «The case of Fratelli d'Italia».

79 Siehe «FdI, Orban scrive a Meloni: ‹Collaboriamo, abbiamo una visione commune del mondo: lottiamo insieme› », *La Repubblica,* 25. Februar 2021; https://www.repubblica.it/politica/2021/02/25/news/governo_lettera_orba_n_ungheria_meloni-289242084/; Dario Prestigiacomo, «Meloni difende Orban: ‹Ue contro di lui perché si batte per la sovranitá», *Europa Today*, 3. Februar 2020; https://europa.today.it/attualita/meloni-difende-orban.html.

80 Zit. nach «Is Giorgia Meloni the most dangerous woman in Europe?».

81 Siehe «For Giorgia Meloni, supporting Ukraine has some useful

benefits», *The Economist*, 18. Mai 2023; https://www.economist.com/europe/2023/05/18/for-giorgia-meloni-supporting-ukraine-has-some-useful-benefits.

82 Siehe Jason Horowitz, «Italy's Giorgia Meloni Vexes Europe by Playing Nice, Mostly», *New York Times*, 14. Februar 2023; https://www.nytimes.com/2023/02/14/world/europe/giorgia-meloni-italy.html.

83 Siehe Giuseppe Fonte, «Italy's Meloni hails ‹courageous› budget, opposition plans protests», *Reuters*, 22. November 2022; https://www.reuters.com/markets/europe/italys-meloni-unveil-budget-with-30-bln-euros-lift-economy-2022-11-21/.

84 Siehe Alessia Donà, «Rights for women and gender equality under Giorgia Meloni», *The Loop*, undatiert; https://theloop.ecpr.eu/womens-and-equality-rights-under-giorgia-meloni/.

85 Siehe Chiara Albanese, «Italy's Prime Minister Meloni Speaks out against Abortion, Same-Sex Marriage», *Bloomberg*, 1. März 2023; https://www.bloomberg.com/news/articles/2023-03-01/italy-s-meloni-speaks-out-on-issues-including-abortion-gender#xj4y7vzkg.

86 Zit. nach Barbie Latza Nadeau, «Femme Fascista: How Giorgia Meloni Became the Star of Italy's Far Right», *World Policy Journal* 35 (2018), Heft 2, S. 18.

87 Siehe Anna Bonalume, «Giorgia Meloni's First Six Months», *European Issues*, 25. April 2023; https://www.robert-schuman.eu/en/european-issues/0666-giorgia-meloni-s-first-six-months.

88 Siehe Bettina Menzel, «Bilanz nach 180 Tagen im Amt. Giorgia Meloni wollte die Boote stoppen», *Merkur*, 23. April 2023; https://www.merkur.de/politik/italien-giorgia-meloni-bilanz-180-tagen-amt-boote-migration-notstand-eu-waehler-92230585.html.

89 Siehe «Giorgia Meloni's Africa Policy», *Africa Intelligence*, 18. November 2022; https://www.africaintelligence.com/the-continent/2022/11/18/giorgia-meloni-s-africa-policy,109865989-eve.

90 Siehe Angelo Amante, «Meloni opens talks on constitutional reform, long a mirage in Italy», *Reuters*, 9. Mai 2023; https://www.reuters.com/world/europe/meloni-opens-talks-constitutional-reform-long-mirage-italy-2023-05-09/.

91 Siobhán Geets, «EVP-Chef Weber buhlt um Giorgia Meloni: Ziemlich rechte Freunde», *Profil*, 7. März 2023; https://www.profil.at/ausland/evp-chef-manfred-weber-buhlt-um-giorgia-meloni/402354429.

92 So Benedikt Kaiser auf seinem Telegram-Kanal am 24. April 2023.

93 Einige Forscher sind sogar überzeugt davon, dass Populismus etwas Positives für die Demokratie sein kann – wenn auch in den meisten Fällen ein linksorientierter Populismus. Siehe Cas Mudde und Cristóbal Rovira Kaltwasser, *Populism: A Very Short Introduction*, Oxford 2017, Kapitel 5; Simon Tormey, *Populism*, London 2019, Kapitel 4.

Was folgt?

1 Siehe Neumann, *Die neue Weltunordnung*, Kapitel 6.

2 Am wichtigsten war ein Kontakt im amerikanischen New Mexico, der in seine Tatpläne eingeweiht war. Gespräch mit Florian Hartleb, Februar 2023. Siehe auch Florian Hartleb, *Einsame Wölfe. Der neue Terrorismus rechter Einzeltäter*, Hamburg 2018, S. 132–153.

3 Für einen Versuch, dies zu korrigieren, siehe Marc Coester u. a. (Hg.), *Rechter Terrorismus: international – digital – analog*, Wiesbaden 2023.

4 Siehe Federico Finchelstein, *From Fascism to Populism in History*, Berkeley 2017; Roger Griffin (Hg.), *Fascism: A Reader*, Oxford 2009, bes. «Some Approaches to Fascism», S. 279–307. Siehe auch Roger Griffin, *Fascism*, Cambridge 2018, S. 10–62; Roger Eatwell, «Fascism», in: Roger Eatwell und Anthony Wright, *Contemporary Political Ideologies*, London 1999, S. 180–205.

5 Siehe Sune Laegaard, «Liberal Nationalism and the Nationalisation of Liberal Values», *Nations and Nationalism* 13 (2007), Heft 1, S. 37–55.

6 Siehe Tony Kushner, «Antisemitism», in: David Theo Goldberg und John Solomos (Hg.), *A Companion to Racial and Ethnic Studies*, Oxford 2008, S. 64–72.

7 Siehe Jörg Diehl u. a., «Die wirre Welt des Attentäters», *Der Spiegel*, 14. Oktober 2019. Siehe auch Andreas Speit, «Der Jude und die Weiblichkeit – zwei alte Feindbilder», in: Jean-Philipp Baeck und Andreas Speit (Hg.), *Rechte Ego-Shooter. Von der virtuellen Hetze zum Livestream-Attentat*, Berlin 2020, S. 86–106.

8 Am Ende waren seine beiden Todesopfer jedoch «Weiße». Siehe Philipp Bovermann und Joachim Käppner, «Eine Stadt geht in Deckung», *Süddeutsche Zeitung*, 9. Oktober 2019; https://www.sueddeutsche.de/politik/halle-synagoge-schuesse-1.4633708

9 Siehe Frank Jansen, «Mordfall Walter Lübcke. Das Strafregister

des Stephan E.», *Der Tagesspiegel*, 18. Juni 2019; https://www.tages spiegel.de/politik/das-strafregister-des-stephan-e-5555179.html.

10 Siehe Matthias Quent, *Deutschland rechts außen. Wie die Rechten nach der Macht greifen und wie wir sie stoppen können,* München 2019, S. 27.

ZUM WEITERLESEN

Allgemein zum Thema

Uwe Backes und Eckhard Jesse, *Politischer Extremismus in der Bundesrepublik Deutschland*, Bonn 1993.

Wolfgang Benz, *Die Feinde aus dem Morgenland. Wie die Angst vor den Muslimen unsere Demokratie gefährdet*, München 2016.

J. M. Berger, *Extremism*, Cambridge 2018.

Lars Erik Berntzen, *Liberal Roots of Far Right Activism*, London 2020.

Roger Eatwell und Anthony Wright (Hg.), *Contemporary Political Ideologies*, London 1999.

Maik Fielitz und Holger Marcks, *Digitaler Faschismus. Die sozialen Medien als Motor des Rechtsextremismus*, Berlin 2020.

Wilhelm Heitmeyer und Manuela Freiheit, *Rechte Bedrohungsallianzen*, Berlin 2020.

Seymour Martin Lipset und Earl Raab, *The Politics of Unreason: Right-Wing Extremism in America, 1790–1970*, New York 1970.

Andrea Mammone, Emmanuel Godin und Brian Jenkins (Hg.), *Varieties of Right-Wing Extremism in Europe*, London 2013.

Cas Mudde, *The Far Right Today*, Cambridge 2019.

Cas Mudde (Hg.), *The Populist Radical Right: A Reader*, London 2017.

Angela Nagle, *Die digitale Gegenrevolution. Online-Kultur-*

kämpfe der Neuen Rechten von 4Chan und Tumblr bis zur Alt-Right und Trump, Bielefeld 2018.
Armin Pfahl-Traughber, *Rechtsextremismus in Deutschland. Eine kritische Bestandsaufnahme*, Wiesbaden 2019.
Matthias Quent, *Deutschland rechts außen. Wie die Rechten nach der Macht greifen und wie wir sie stoppen können*, München 2019.
Samuel Salzborn, *Rechtsextremismus. Erscheinungsformen und Erklärungsansätze*, Baden-Baden 2014.
Joanna Sondel-Cedarmas und Francesco Berti (Hg.), *The Right-Wing Critique of Europe: Nationalist, Sovereignist and Right-Wing Populist Attitudes to the EU*, London 2022.
Cass Sunstein, *Going to Extremes: How Like Minds Unite and Divide*, Oxford 2009.

Theorie und Geschichte

Uwe Backes (Hg.), *Rechtsextreme Ideologien in Geschichte und Gegenwart*, Köln 2003.
Ronald Beiner, *Dangerous Minds: Nietzsche, Heidegger, and the Return of the Far Right*, Philadelphia 2018.
Norberto Bobbio, *Rechts und Links. Gründe und Bedeutungen einer politischen Unterscheidung*, Berlin 1994.
Astrid Bötticher, «Towards Academic Consensus Definitions of Radicalism and Extremism», *Perspectives on Terrorism* 11 (2017), Heft 4.
Peter C. Caldwell, «Controversies over Carl Schmitt: A Review of Recent Literature», *The Journal of Modern History* 77 (2005), Heft 2.
Stefan Breuer, *Anatomie der Konservativen Revolution*, Darmstadt 2009.

Mircea Eliade, *Kosmos und Geschichte. Der Mythos der ewigen Wiederkehr*, Frankfurt a. M. 1984.

Nicholas Goodrick-Clarke, *Black Sun: Aryan Cults, Esoteric Nazism and the Politics of Identity*, New York 2002.

Roger Griffin, *Faschismus. Eine Einführung in die vergleichende Faschismusforschung*, Stuttgart 2020.

Roger Griffin (Hg.), *Fascism*, Oxford 1995.

Brian Hughes, Dave Jones und Amarnath Amarasingam, «Ecofascism: An Examination of the Far Right/Ecology Nexus in the Online Space», *Terrorism and Political Violence* 34 (2022), Heft 5.

Sune Laegaard, «Liberal Nationalism and the Nationalisation of Liberal Values», *Nations and Nationalism* 13 (2007), Heft 1.

Kurt Lenk, Günter Meuter, Henrique Ricardo Otten, *Vordenker der Neuen Rechten*, Frankfurt a. M. 1997.

Karl Mannheim, *Ideologie und Utopie*, Frankfurt a. M. 1929.

George L. Mosse, *The Crisis of German Ideology: Intellectual Origins of the Third Reich*, New York 1987

Robert O. Paxton, *Anatomie des Faschismus*, München 2006.

Zeev Sternhell, *Die Entstehung der faschistischen Ideologie: Von Sorel zu Mussolini*, Hamburg 1999.

Mark Sedgwick, *Against the Modern World: Traditionalism and the Secret Intellectual History of the Twentieth Century*, Oxford 2009.

Mark Sedgwick (Hg.), *Key Thinkers of the Radical Right: Behind the New Threat to Liberal Democracy*, Oxford 2019.

Pierre-André Taguieff, «Discussion or Inquisition? The Case of Alain de Benoist», *Telos*, Dezember 1993.

Thomas Wagner, *Die Angstmacher. 1968 und die Neuen Rechten*, Berlin 2017.

Volker Weiß, *Die autoritäre Revolte. Die Neue Rechte und der Untergang des Abendlandes*, Berlin 2017.

Richard Wolin, *Heidegger in Ruins: Between Philosophy and Ideology*, New Haven 2022.

Gruppen und Akteure

Melanie Amann, *Angst für Deutschland. Die Wahrheit über die AfD*, Berlin 2017.

Jean-Philipp Baeck und Andreas Speit (Hg.), *Rechte Ego-Shooter. Von der virtuellen Hetze zum Livestream-Attentat*, Berlin 2020.

Matthias Belafi, «Der Erfolg der FPÖ. Österreichs Parteien- und Regierungssystem unter Druck», *Zeitschrift für Politik* 64 (2017), Heft 3.

Tore Bjørgo, *Terror from the Extreme Right*, Abingdon 1995.

Gideon Botsch und Josef Haverkamp (Hg.), *Jugendbewegung, Antisemitismus und rechtsradikale Politik*, Berlin 2014.

Julian Bruns, Kathrin Glösel und Natascha Strobl, *Die Identitären. Handbuch zur Jugendbewegung der Neuen Rechten in Europa*, Münster 2018.

Marc Coester, Anna Daun, Florian Hartleb, Christoph Kopke und Vincenz Leuschner (Hg.), *Rechter Terrorismus: international – digital – analog*, Wiesbaden 2023.

Franco Ferraresi, «The Radical Right in Postwar Italy», *Politics and Society* 16 (1988), Heft 1.

Florian Hartleb, *Einsame Wölfe. Der neue Terrorismus rechter Einzeltäter*, Hamburg 2018.

George Hawley, *Making Sense of the Alt-Right*, New York 2017.

Heinrich-Böll Stiftung (Hg.), *Braune Ökologen. Hintergründe und Strukturen am Beispiel Mecklenburg-Vorpommerns*, Rostock 2012.

Patrik Hermansson, David Lawrence, Joe Mulhall und Simon

Murdoch, *The International Alt-Right: Fascism for the 21st Century?*, London 2020.
Jeffrey Kaplan, «Leaderless Resistance», *Terrorism and Political Violence* 9 (1997), Heft 3.
Thomas J. Main, *The Rise of the Alt-Right*, Washington 2018.
George Michael, «David Lane and the Fourteen Words», *Totalitarian Movements and Political Religions* 10 (2009), Heft 1.
Peter R. Neumann, *Bluster: Donald Trump's War on Terror*, Oxford 2020.
Anton Pelinka, «Die FPÖ in der vergleichenden Parteienforschung. Zur typologischen Einordnung der Freiheitlichen Partei Österreichs», *Österreichische Zeitschrift für Politikwissenschaft* 31 (2002), Heft 3.
Hilary Pilkington, *Loud and Proud: Passion and Politics in the English Defence League*, Manchester 2016.
John Pollard, «Skinhead Culture: the ideologies, mythologies, religions and conspiracy theories of racist skinheads», *Patterns of Prejudice* 50 (2016), Heft 4.
Jay Julian Rosellini, *The German New Right: AfD, PEGIDA and the Re-Imagining of National Identity*, London 2019.
Mike Rothschild, *The Storm Is Upon Us: How QAnon Became a Movement, Cult, and Conspiracy Theory of Everything*, New York 2022.
Christoph und Sophie Schönberger (Hg.), *Die Reichsbürger. Verfassungsfeinde zwischen Staatsverweigerung und Verschwörungstheorie*, Frankfurt a. M. 2020.
Åsne Seierstad, *Einer von uns. Die Geschichte eines Massenmörders*, Zürich 2016.
Andreas Speit (Hg.), *Das Netzwerk der Identitären. Ideologie und Aktionen der Neuen Rechten*, Berlin 2018.
Andreas Speit (Hg.), *Reichsbürger. Die unterschätzte Gefahr*, Berlin 2017.

Stephen Tankel, «Riding the Tiger: How Trump Enables Right-Wing Extremism», *War on the Rocks*, 5. November 2018; https://warontherocks.com/2018/11/riding-the-tiger-how-trump-enables-right-wing-extremism/.

Sofia Ventura, «Giorgia Meloni und ihre Partei Fratelli d'Italia», *FES Analyse*, August 2022; https://library.fes.de/pdf-files/bueros/rom/19451.pdf.

Andrew Whitehead und Samuel Perry, *Taking Back America for God: Christian Nationalism in the United States*, Oxford 2020.

Andreas Zick und Beate Küpper, *Wut, Verachtung, Abwertung. Rechtspopulismus in Deutschland*, Berlin 2015.

DANK

Mehr noch als bei anderen Buchprojekten habe ich von der riesigen Menge an Literatur profitiert, die zum Thema Rechtsextremismus existiert. Dazu gehören sowohl die Werke von wissenschaftlichen Kolleginnen und Kollegen als auch journalistische Beiträge. Die Größe und Komplexität des Themas haben eine Fokussierung erforderlich gemacht, die sich einer Vielzahl guter Gespräche verdankt: mit meinen Kolleginnen und Kollegen am *International Centre for the Study of Radicalisation* (ICSR) am King's College London sowie mit dem legendären Faschismusforscher Roger Griffin, der meine Fragen geduldig beantwortet hat. Ich danke außerdem Veit Dengler, Gerald Knaus, meinem Agenten Günter Berg, meinem Lektor Sebastian Wilde, dem Verleger von Rowohlt Berlin, Gunnar Schmidt, und vor allem meiner Partnerin Zora, die wie immer meine erste und kritischste Leserin war. Natürlich gilt, dass ich allein für den Inhalt des Buches, seine Schlussfolgerungen und alle etwaigen Fehler verantwortlich bin.

Die Rowohlt Verlage haben sich zu einer nachhaltigen Buchproduktion verpflichtet. Gemeinsam mit unseren Partnern und Lieferanten setzen wir uns für eine klimaneutrale Buchproduktion ein, die den Erwerb von Klimazertifikaten zur Kompensation des CO_2-Ausstoßes einschließt.
www.klimaneutralerverlag.de

FSC
www.fsc.org
MIX
Papier | Fördert gute Waldnutzung
FSC® C014496